Ο ΑΚΑΘΙΣΤΟΣ ΥΜΝΟΣ

DER AKATHISTOS-HYMNOS

Doxologie

Gebetstexte der Orthodoxen Kirche

Herausgegeben von
Anastasios Kallis

Band II

ΑΚΟΛΟΥΘΙΑ
ΤΟΥ ΑΚΑΘΙΣΤΟΥ ΥΜΝΟΥ
μετὰ τοῦ
ΜΙΚΡΟΥ ΑΠΟΔΕΙΠΝΟΥ

GOTTESDIENST
DES AKATHISTOS–HYMNOS
in Verbindung mit dem
KLEINEN APODEIPNON

Griechisch – Deutsch

Herausgegeben
von
Anastasios Kallis

Theophano Verlag Münster

Titelbild

„Der Engel Fürst
wurde vom Himmel gesandt,
der Gottesgebärerin zu sagen das ‚sei gegrüßt'..."
(Beginn des Akathistos-Hymnos)

Darstellung der Verkündigung an die Gottesmutter (Lk 1, 28-38) des Ikonenmalers Theophanes der Kreter und seines Sohnes Simeon.
Die tragbare Ikone gehört zu 14 weiteren Ikonen des Zwölffesttagszyklus aus der Ikonostase der Kirche des Stavronikita-Klosters auf dem Heiligen Berg Athos und wird auf das Jahr 1546 datiert.
Der Engel Gabriel kommt mit ausgreifendem Schritt auf Maria zu, er hält in der linken Hand das Zepter und streckt die rechte Hand in der Haltung der Verkündigung aus: „Sei gegrüßt, du Begnadete, der Herr ist mit dir!" (Lk 1, 28)

ISBN 3-9806210-0-6

© 1998 Theophano Verlag Münster
Alle Rechte vorbehalten
Gesamtherstellung: Druckwerkstatt Hafen GmbH, Münster

EINFÜHRUNG

1. Die Übersetzung

Der Versuch, den Akathistos-Hymnos und den zur gottesdienstlichen Ordnung dazu gehörenden Kanon neben dem kleinen Apodeipnon zu übersetzen, bedeutet ein Wagnis, das zu Lasten der Schönheit und der theologischen Tiefe des Originals geht. Als Glanzstück der griechischen Dichtung, das in den orthodoxen Kirchen griechischer Zunge seit über fünfzehn Jahrhunderten unverändert und inbrünstig gesungen wird, vermittelt es Empfindungs- und Denkweisen einer Spiritualität und Kulturtradition, die in Verbindung mit einer Sprache stehen, deren Eigenart weitgehend unübertragbar ist. Die Dichter bringen in unnachahmlicher Weise die apophatische Haltung der orthodoxen Theologie und Frömmigkeit zum Ausdruck, das Staunen und die Sprachlosigkeit in Anbetracht des unfaßbaren Mysteriums der Menschwerdung Gottes, das doxologisch, in der Lobpreisung Gottes artikuliert wird.

Dennoch hat die orthodoxe Kirche in Treue zu ihrer heilsökonomischen Ethnologie ihre liturgischen Texte in die Sprachen der evangelisierten Völker übersetzt und eine damit verbundene Einbuße in Kauf genommen, die durch neue Dimensionen der Übersetzungssprache eine Art Wiedergutmachung erfuhr. Für die orthodoxen Gemeinden in den deutschsprachigen Ländern West- und Mitteleuropas stellt die Übersetzung eine pastorale Notwendigkeit dar, der entsprochen werden muß. Darüber hinaus besitzt die Übersetzung gerade solcher für die Identität eines Volkes und einer Gemeinschaft charakteristischen Texte im Hinblick auf die Begegnung von Kirchen und Völkern eine kommunikative Relevanz, insofern Dialog die objektive Kenntnis der Identität des Dialogpartners voraussetzt bzw. die Bereitschaft, die Identität des dialogischen Du zu achten.

Das Schwanken zwischen Unzulänglichkeit und Notwendigkeit hat dazu geführt, daß der erste Entwurf der vorliegenden Übersetzung einige Jahre in der Schublade lag und immer wieder zur Demonstration der eigentlichen Unübersetzbarkeit des Hymnos herausgeholt wurde, wenn die Rede von einer Publikation war. Andererseits reizte die Schönheit des Textes doch auch zu neuen Versuchen, aus denen die vorliegende Fassung entstand, die dem Original möglichst nah bleiben und seine Dynamik und Apophatik in die deutsche Sprache übertragen will.

Daß die Vielschichtigkeit von Begriffen, die in der griechischen Mythologie, Philosophie und Theologie eine lange Tradition aufweisen, bei der Übersetzung oft verlorengeht bzw. eine ungewollte Sinnverlagerung erfährt, läßt sich nicht vermeiden. Um dem zu begegnen, ist manchmal eine Wortwahl getroffen, die im Kontext der westlichen theologischen Sprache fremdartig klingt, aber den Sinngehalt des Begriffes am besten wiedergibt. So ist z.B. die christologische Bezeichnung Θεοτόκος nicht mit "Gottesmutter" übersetzt – dafür gibt es im Griechischen das Wort Θεομήτωρ –, sondern mit "Gottesgebärerin", obschon die Gefahr besteht, bei einer dinglich-physischen Denkorientierung den Gebärvorgang, das Wie, und nicht das G o t t gebären, das Was, zu verstehen. In Ausnahmefällen ist schließlich auf die Übersetzung verzichtet worden, wenn kein deutscher Begriff annähernd dem Original entsprach. Dies geschieht selbst in den Fällen, in denen sich bestimmte Übersetzungen durchgesetzt haben. So ist es z.B. üblich, den vor allem durch den Prolog des Johannesevangeliums bekannten Begriff Λόγος durch das „Wort" wiederzugeben, obwohl das deutsche Wort, wie schon Goethes Faust klagt (I. Teil, Verse 1224-1237), unzulänglich ist, nur einen peripheren Aspekt des griechischen Begriffes erfaßt, der primär Vernunft, Verstandeskraft, Weltgesetz und -vernunft, Denken und Gedachtes meint wie auch die göttliche Kraft, die Ursprung und Existenz des Universums bestimmt. Im Kontext dieser Sinndeutung wird verständlich, warum der menschgewordene Sohn Gottes als Bote der Logos Gottes genannt wird, der von Anfang an bei Gott war (Joh 1,1).

Eine weitere Schwierigkeit bereitet die Übersetzung gegensätzlicher Begriffe, die der Dichter in Beziehung setzt, um das unfaßbare Mysterium der Gottesmutterschaft der „Magd des Herrn" (Lk 1,38) auszudrücken. Dabei geht es nicht so sehr um die Wiedergabe von Wortspielen, die schon akustisch die Paradoxie ausdrücken – wie z. B. γνῶσιν ἄγνωστον γνῶναι = nicht erkennbare Erkenntnis erkennen (Oikos III); φθάσαντες τὸν ἄφθαστον = den Unerreichbaren erreichten (Oikos VIII) –, sondern um den Kern der Aussage, die apophatischen Charakter hat.

Die Anrede Νύμφη ἀνύμφευτε, die den ganzen Hymnos durchzieht, stößt an die Grenze der Übersetzungsmöglichkeiten, die die deutsche Sprache bietet. Das dokumentieren zahlreiche Versuche. Die Übersetzung „jungfräuliche Braut" drückt nicht unbedingt die Antinomie des Originals aus, sondern eher die „bräutliche Tugend" der Jungfräulichkeit, die aber der Dichter nicht meint. Dasselbe gilt auch für die Wiedergabe „unvermählte Braut", denn es ist nicht eine Braut gemeint, die, aus welchen Gründen auch immer, nicht vermählt wurde, sondern eine „unbräutliche Braut". Die Übersetzungen „unberührte Braut", „jungfräuliche Mutter", „unversehrte Mutter" und ähnliches lassen sich zwar durch andere Stellen des Hymnos stützen, geben jedoch die im Wortspiel ausgedrückte Paradoxie nicht wieder. Der eigentliche Mangel aber all dieser Versuche liegt vielleicht in einer germanisch-dinglichen Denkdiktion, in dem Hang der Verdinglichung des Mysteriums, das greifbar-konkret bestimmt wird. Gerade dieser Denkweise entspricht schließlich auch die neuerliche Wiedergabe: "Gottes und nicht Menschenbraut". Ebensowenig hilfreich wäre auch eine wörtliche Übersetzung, denn die Bezeichnung „unbräutliche Braut", bezogen auf die Schönheit, würde den Sinn ad absurdum führen. Für eine annähernd korrekte Wiedergabe bietet sich das Verb „vermählen" an, das auf das mittelhochdeutsche „mehelen" zurückgeht, das „versprechen, verloben, vermählen" bedeutet. Die Bezeichnung der Gottesmutter als „unvermählt Vermählte" drückt in Treue zum Original das Mysterium der Gottesgebärerin aus, die „Jungfräulichkeit und Gebären... vereinigt" (Oikos XV).

In Anbetracht dieses unfaßbaren Geschehens wird die Gottesmutter mit dem Freudengruß χαῖρε angeredet, der als Ehrerbietungsbezeichnung des Engels und der Menschen an die Gottesgebärerin nicht in der wörtlichen Übersetzung „freue dich", sondern in der freien Wiedergabe „sei gegrüßt" seine Analogie in der deutschen Sprache hat.

Doch bei aller Mühe bleibt eine Übersetzung ein Stückwerk, das aber hier die Hoffnung aufkommen läßt, daß die Unzulänglichkeit der Übersetzung einer Dichtung, die ein Kleinod der orthodoxen Literatur und Frömmigkeit darstellt, einige Leser dazu anspornt, sich mit der griechischen Sprache zu befassen, um klassische Dokumente der europäischen Geistesgeschichte im Original zu lesen:

„Mich drängt's, den Grundtext aufzuschlagen,
Mit redlichem Gefühl einmal
Das heilige Original
In mein geliebtes Deutsch zu übertragen."

(Goethe, Faust, I. Teil, Verse 1120-1223)

2. Gattung und Synthese

Der Beliebtheit und liturgischen Intensität des Akathistos-Hymnos ist es wohl zu verdanken, daß er das einzige Kontakion darstellt, das dem Verschleiß der Zeit widerstanden hat. Die Frömmigkeit und das liturgische Leben der orthodoxen Kirche haben ein Dokument der griechischen Dichtung überliefert, die nach einer langen, vielschichtigen Entwicklung die synthetische liturgische Gattung des Kontakion schuf, das ihren Höhepunkt im Mittelalter markiert und oft wie auch beim Akathistos-Hymnos mit dem Namen des berühmten Hymnographen Romanos der Melode (ca. 490 - 560) verbunden ist, wenn auch die Frage der Autorschaft und der Entstehungszeit des Akathistos noch nicht endgültig beantwortet worden ist.

In der überlieferten Form besteht der Akathistos-Hymnos aus drei Prooimien (Vorgesängen) und vierundzwanzig Oikoi, die ein Akrostichon des griechischen Alphabets bilden – sie beginnen mit dem ersten Buchstaben: Ἄγγελος πρωτοστάτης (= Der Engel Fürst) und schließen mit dem Omega ab: Ὦ πανύμνητε μήτηρ (= Allgepriesene Mutter).

Die Hypothese, der Akathistos-Hymnos hätte ursprünglich kein Prooimion, gewinnt an Wahrscheinlichkeit, wenn man ihn in die Nähe der Entstehungszeit des Kontakions (Ende des 5./Anfang des 6. Jahrhunderts) setzt, in der das Prooimion fehlt. Als ursprüngliches bzw. ältestes Prooimion gilt das erste – „Den geheimnisvoll erteilten Auftrag erkennend..." –, das dem Inhalt des Kontakions, dem Inkarnationsmysterium, und dem liturgischen Standort des Hymnos, dem Fest der Verkündigung der Frohbotschaft an die Gottesmutter, entspricht.

Dagegen stellt das zweite Prooimion – „Der unbesiegbaren Heerführerin..." –, das unter der Bezeichnung Kontakion sich durchgesetzt hat, eine spätere Hinzufügung dar, die weder dem historischen noch dem theologischen Inhalt des Akathistos-Hymnos und seiner liturgischen Zuordnung entspricht, sondern eine Anspielung auf die schicksalhafte Verbindung Konstantinopels mit der Gottesgebärerin ist, die „ihre Stadt" immer wieder „aus Gefahren befreit". Daher gilt als wahrscheinlich, daß Patriarch Sergios I. (610-638), dessen Geschick die Zeitgenossen die Befreiung Konstantinopels aus der doppelten Bedrohung der Stadt durch Avaren und Perser im Jahre 626 zuschreiben, zwar nicht, wie manche meinen, der Autor des Akathistos-Hymnos, wohl aber dieses Kontakions ist.

Nach der Überlieferung wurde die Hoffnung des Patriarchen und des Volkes bestätigt, daß die Gottesgebärerin die Stadt nicht im Stich lassen würde. Als ein plötzlicher Sturm die Flotte der Belagerer zerstörte, versammelte sich das Volk Konstantinopels in der Muttergottes-Kirche des Blachenenviertels zu einem Dankgottesdienst, der im Stehen gefeiert wurde (Synaxarion zum Samstag der 5. Fastenwoche [Triodion] bzw. Georgios Pisides, Hymnus Acath.: PG 92, 1352). Das Synaxarion, die gottesdienstliche Erläuterung des Festes, unterstreicht die Zuversicht der Bevölkerung Konstantinopels, indem es den Akathistos-Hymnos mit zwei weiteren Belagerungen der Stadt in den Jahren 673 und 717/18 verbindet. Auch bei der dritten Belagerung berichtet das Synaxarion von der Einführung eines Muttergottes-Festes, das das Volk in jener Nacht nicht-sitzend (griech.: ἀκάθιστος) gefeiert habe (ebd. 1353).

Das zweite Prooimion steht in Verbindung zu diesen Ereignissen und erfüllt eigentlich nicht die gattungsmäßige Funktion eines Prooimions, zusammenfassend in die Oikoi einzuführen, die sich inhaltlich in drei Teile gliedern, die in erzählerischer, theologisch-systematischer und stark doxologischer Weise das Mitwirken der Gottesgebärerin am Christusgeheimnis besingen, das die Rettung seiner Schöpfung bedeutet. In vorwiegender Anlehnung an das Lukasevangelium (1,26-2,35) werden im ersten Teil (Oikoi 1-12) die Verkündigung der Menschwerdung Gottes an die Gottesgebärerin (1-4), ihr Besuch bei Elisabeth (5), die Verwirrung Josephs und seine Einführung in das Gottesmutterschaftgeheimnis durch den Engel (6), die Anbetung der Hirten (7) und der Magier (8-10), die Flucht nach Ägypten (11; vgl. Ps.-Matthäus 22,23) und das Zeugnis des Simeon über Jesus (12) erzählt. Im zweiten Teil (Oikoi 13-18) wird die Neuschöpfung durch den menschgewordenen Logos gepriesen, während die sechs letzten Verse die Gottesmutterschaft Mariens und Christus als König doxologisch preisen.

Zu den untypischen Eigenarten des Akathistos-Hymnos als Kontakion gehören schließlich die unterschiedlichen Verszahlen der Oikoi und deren Refrains. Während in den Oikoi mit ungerader Zahl dem siebten Vers zwölf Begrüßungszurufe – „sei gegrüßt..." – an die Gottesgebärerin folgen, die mit dem Refrain „sei gegrüßt, unvermählt Vermählte" abschließen, sind die geraden Verse kürzer, ohne Gruß-Verse, und enden mit dem „Alleluja".

3. Der Kanon

Der Kanon des Akathistos hat zwei Autoren, wie es auch das Akrostichon zeigt, das nur die Troparien einbezieht und im Anschluß an einen jambischen Vers den Namen des Dichters angibt: Χαρᾶς δοχεῖον σοὶ χαίρειν μόνῃ - Ἰωσήφ (= Gefäß der Freude dir allein gebührt das Freuen – Joseph). Der berühmte Hymnograph Joseph (816-886) hat einen Kanon dem Akathistos-Hymnos angepaßt, so daß er mit ihm eine Einheit bildet, obwohl die Heirmoi dem Kanon zum Fest Entschlafung der Gottesgebärerin entnommen sind, deren Dichter Johannes von Damaskos (ca. 650 - ca. 750) ist.

Diese Verbindung zweier großer Hymnographen, die aus liturgisch-musikalischen Gründen erfolgte, läßt trotz des unterschiedlichen Festbezugs der Heirmoi und der Troparien den Kanon doch als eine Einheit erscheinen. Durch kleine Änderungen ist der traurige Charakter der Heirmoi dem fröhlichen

Inhalt des Kanons angepaßt. Ist am ursprünglichen Ort, dem Fest der Entschlafung der Gottesgebärerin, z.B. die Rede von „dem heiligen Heimgang der Gottesmutter", wird hier „die heilige Festfeier der Gottesmutter" besungen (Heirmos der 9. Ode).

Durch den freudigen Charakter und seinen theologischen Inhalt bildet der Kanon eine harmonische Einheit mit dem Akathistos-Hymnos, dessen χαῖρε (= freue dich, sei gegrüßt) hier zwar nur sporadisch auftritt, doch den ganzen Kanon stimmungsmäßig durchdringt. In theologischer Hinsicht sind die Parallelen auffällig. Unverkennbar ist der Widerhall z.B. des 20. Oikos – „jeder Gesang versagt, so sehr er sich anstrengt, der Fülle deiner vielen Erbarmungen zu entsprechen" – im 3. Troparion der 7. Ode: „Wortgewandte Zunge vermag nicht, Gebieterin, dich zu preisen..."

Mit seiner dichterischen Dynamik und der theologischen Gehaltsfülle bildet der Kanon eine ebenbürtige Ergänzung des Akathistos-Hymnos, so daß er neben ihm zu den klassischen hymnographischen Gebetstexten der orthodoxen Kirche gehört.

4. Der liturgische Standort

Die handschriftliche Überlieferung, die allerdings auf das 10.-13. Jahrhundert zurückgeht, nennt als Festtag für den Gottesdienst des Akathistos-Hymnos den 25. März, an dem die Ost- und die Westkirche der Verkündigung an die Gottesgebärerin gedenken. Unabhängig davon, ob dieser Hinweis stichhaltig ist, oder eher die Meinung derer als wahrscheinlich gelten kann, die den Akathistos-Hymnos dem Gottesmutter-Beifest (am 26. Dezember) des Christgeburtsfestes zusprechen, von dem er im 6. Jahrhundert dem 25. März zugeordnet wurde, kann mit ziemlicher Sicherheit angenommen werden, daß die Verlegung auf den Samstag der fünften Fastenwoche vom 25. März erfolgte, und zwar zu einer späteren Zeit. Die Hypothesen schwanken in der Datierung zwischen dem 8. Jahrhundert und der Zeit nach der Eroberung Konstantinopels durch die Türken (1435).

Daß dieses Fest in seiner Eigenständigkeit den Charakter eines Nationalfestes angenommen hat, erklärt vielleicht auch seine Popularität, die in der Hoffnung der unterjochten Christen auf den Beistand der Gottesgebärerin zur Befreiung und Neugeburt der Christennation begründet ist, indem Neugeburt der Schöpfung und der Freiheit miteinander verbunden werden.

Heute wird der Akathistos-Hymnos, der in der Regel in Verbindung mit dem Kleinen Apodeipnon gefeiert wird, in vier Abschnitte geteilt (Oikoi 1-6, 7-12, 13-18, 19-24), die mit dem Kanon jeweils an den Freitagabenden der vier ersten Fastenwochen vorgetragen werden, während in der fünften Fastenwoche alle vierundzwanzig Strophen rezitiert werden.

Die Sprachlosigkeit in Anbetracht des Christusmysteriums, an dem die Gottesgebärerin partizipiert, und die Zuversicht auf ihre „Fürsprache" und ihren „Beistand" in Bedrängnis und Not, dieser existentielle Bezug des Heils, der im Akathistos-Hymnos meisterhaft artikuliert wird, haben diesen Gottesdienst zu den beliebtesten Andachten der orthodoxen Kirche gestaltet, die durch seine liturgische Zuordnung ihn als Vorbereitung auf das Ostergeschehen sieht.

5. Glossar

AKROSTICHON

Literarische Form, nach der die Anfangsbuchstaben aufeinanderfolgender Verse, Zeilen oder Strophen (griech.: ἄκρον = Spitze + στίχος = Zeile, Vers) den Namen des Hymnographen, den Sinn des Festes, einen Gebetssatz oder das Alphabet ergeben. Zu den Anfängen der christlichen A. gehört die urchristliche Chiffre Jchtys (griech. ἰχθύς = Fisch): J[esus] Ch[ristus] Th[eou] [H]y[ios] S[oter] = Jesus Christus Gottes Sohn Heiland.

APODEIPNON

Spätabendgebet, das der lateinischen Komplet entspricht. Etymologisch bedeutet A. Gebet nach dem Abendessen (griech.: ἀπόδειπνον) bzw. vor dem Schlafengehen. Es ist in zwei Formen überliefert: das Kleine und das Große A. In der Regel wird das Kleine A. gefeiert, während das Große der Großen Fastenzeit von montags bis donnerstags und den Vorabenden der Geburt Christi und der Theophanie vorbehalten ist.

HEIRMOS

Leitstrophe (griech.: εἱρμός = Band, Verbindung, Reihe, Ankettung), der in der Silbenzahl, der Betonung und der Melodie die übrigen Strophen einer —> *Ode* folgen. Die von den Musikern gedichteten Heirmoi sind im liturgischen Buch Heirmologion zusammengefaßt.

KANON

Eine Zusammenfassung von Hymnen, die vor allem das Kernstück des Morgengottesdienstes bilden. Er geht auf die neun biblischen —> *Oden* zurück und wird in seiner heutigen Form dem Kirchendichter und Metropoliten von Kreta Andreas (8. Jahrhundert) zugeschrieben. In Analogie zu der Zahl der Engelchöre besteht er aus neun Oden; seltener aber auch aus zwei (Diodion), drei (Triodion) oder vier (Tetraodion). Jedes Fest und jede Woche haben ihren eigenen Kanon. Die Oden wiederum bestehen aus drei, vier oder sechs metrisch-musikalisch gleichartigen Liedern. So ist ein Kanon aus 6-54 Liedern zusammengesetzt. Das erste Lied jeder Ode lobpreist Christus, die folgenden beziehen sich auf das Fest des Tages; das vorletzte ist der heiligen Dreieinigkeit gewidmet und das letzte wie auch die ganze neunte Ode der Gottesmutter.

KONTAKION

Eine auf den Stab, um den die Textrolle gewickelt wurde, zurückgehende Bezeichnung für Sammlungen von Kirchenliedern, die Ende des 9./Anfang des 10. Jahrhunderts entstanden sind. Die einzelnen Kontakien-Hymnen, die uns überliefert sind, bilden die Überreste von Gedichtsammlungen, die für den liturgischen Gebrauch erstellt worden waren. Die Kontakien lassen sich in drei große Gruppen gliedern: panegyrische, dogmatische oder belehrende und Gelegenheitshymnen.

MEGALYNARION

Lobgesang, der seinen Namen der imperativen Form verdankt, mit der die meisten Megalynarien beginnen: „Hoch preise meine Seele..." (griech.: μεγάλυνον ψυχή μου ...). Sie preisen die heilsgeschichtliche Bedeutung des Mariengeheimnisses und des gefeierten Festes.

ODE

Lobgesang, ursprünglich aus hymnenartigen Texten der Heiligen Schrift (biblische Oden). Aus dem System der neun biblischen Oden, die man in der frühen Kirche in Verbindung mit Psalmen sang, entwickelte sich später, als neue Kirchenlieder gedichtet wurden, der —> *Kanon*. Jede Ode hat einen eigenen Rhythmus und eine eigene Melodie, die dem —> *Heirmos* folgen.

OIKOS

Bezeichnung von Strophen eines —> *Kontakions*, das gewöhnlich aus vierundzwanzig Oikoi besteht, die durch ein —> *Akrostichon* verbunden sind. Dem entspricht auch die etymologische Erklärung: Der Aufbau weist eine Analogie zur Form eines Hauses (griech.: οἶκος) auf. Demnach handelt es sich um ein literarisches Gebäude, in dem die Thematik des Festes wie in einem Haus zusammengefügt ist.

THEOTOKION

Hymnus, der die Gottesgebärerin (griech.: Θεοτόκος) lobpreist. Als besondere Gattung der kirchlichen Dichtung entstand das Th. zur Zeit des Bilderstreites, den ein Aufschwung der Marienverehrung begleitete bzw. ihm folgte (8./9. Jahrhundert). Seinen festen Platz hat das Th. als der Gottesmutter gewidmetes Abschlußtroparion jeder —> *Ode*, deren vorangehende —> *Troparien* sich auf das jeweilige Fest beziehen. Hinsichtlich des spezifischen Inhalts der Th. unterscheidet man zwischen Staurotheotokien, Hymnen, die das Mitleiden der Gottesmutter am Kreuz (griech.: σταυρός) zum Inhalt haben, und Th. dogmatika, Hymnen, die das Mitwirken der Gottesmutter am Christusgeheimnis besingen.

TROPARION

Allgemeine Bezeichnung kirchlicher Hymnen, die in einer der acht byzantinischen Tonarten (griech.: τρόποι oder ἦχοι) gesungen werden. Nach einer anderen etymologischen Erklärung geht der Name T. auf seinen Bezug zum —> *Heirmos* zurück, um dessen Melodie es sich dreht (griech.: τρέπω). Weniger wahrscheinlich erscheint die Etymologie, nach der die Trophäe (griech.: τρόπαιον) der Heiligen gemeint ist, die im T. besungen wird. Die Troparien gliedern sich nach ihrem Inhalt (z.B. Auferstehungs-, Märtyrer-T.en), der liturgischen Zeit ihrer Anwendung (z.B. Früh-, Entlassungs-T.en) und den Versen, die ihnen vorangestellt werden (z.B. Stichera, Aposticha).

I

ΤΟ ΜΙΚΡΟΝ ΑΠΟΔΕΙΠΝΟΝ

DAS KLEINE APODEIPNON

Ι. ΤΟ ΜΙΚΡΟΝ ΑΠΟΔΕΙΠΝΟΝ

Ἱερεύς
Εὐλογητὸς ὁ Θεὸς ἡμῶν πάντοτε,
νῦν καὶ ἀεί, καὶ εἰς τοὺς αἰῶνας τῶν αἰώνων.

Ἀναγνώστης
Ἀμήν.

Ἱερεύς
Δόξα σοι, ὁ Θεὸς ἡμῶν, δόξα σοι.

Βασιλεῦ οὐράνιε, Παράκλητε,
τὸ Πνεῦμα τῆς ἀληθείας,
ὁ πανταχοῦ παρὼν καὶ τὰ πάντα πληρῶν,
ὁ θησαυρὸς τῶν ἀγαθῶν καὶ ζωῆς χορηγός,
ἐλθὲ καὶ σκήνωσον ἐν ἡμῖν,
καὶ καθάρισον ἡμᾶς ἀπὸ πάσης κηλῖδος,
καὶ σῶσον, Ἀγαθέ, τὰς ψυχὰς ἡμῶν.

Ἀναγνώστης
Ἀμήν.

Ἅγιος ὁ Θεός,
ἅγιος ἰσχυρός,
ἅγιος ἀθάνατος,
ἐλέησον ἡμᾶς, *(τρίς)*

I. DAS KLEINE APODEIPNON

Priester
Gepriesen sei unser Gott allezeit,
jetzt und immerdar und in alle Ewigkeit.

Lektor
Amen.

Priester
Ehre sei dir, unser Gott, Ehre sei dir!

Himmlischer König, Tröster,
Geist der Wahrheit,
Allgegenwärtiger und Alleserfüllender,
Hort der Güter und Lebenspender,
komm und wohne in uns,
reinige uns von allem Makel
und rette, Gütiger, unsere Seelen!

Lektor
Amen.

Heiliger Gott,
heiliger Starker,
heiliger Unsterblicher,
erbarme dich unser! *(dreimal)*

Δόξα Πατρί, καὶ Υἱῷ καὶ Ἁγίῳ Πνεύματι,

καὶ νῦν καὶ ἀεὶ καὶ εἰς τοὺς αἰῶνας τῶν αἰώνων. Ἀμήν.

Παναγία Τριάς, ἐλέησον ἡμᾶς.
Κύριε, ἱλάσθητι ταῖς ἁμαρτίαις ἡμῶν.
Δέσποτα, συγχώρησον τὰς ἀνομίας ἡμῖν.
Ἅγιε, ἐπίσκεψαι καὶ ἴασαι τὰς ἀσθενείας ἡμῶν,
ἕνεκεν τοῦ ὀνόματός σου.

Κύριε ἐλέησον, Κύριε ἐλέησον, Κύριε ἐλέησον.

Δόξα Πατρὶ ...
Καὶ νῦν ...

Πάτερ ἡμῶν ὁ ἐν τοῖς οὐρανοῖς,
ἁγιασθήτω τὸ ὄνομά σου,
ἐλθέτω ἡ βασιλεία σου,
γενηθήτω τὸ θέλημά σου ὡς ἐν οὐρανῷ καὶ ἐπὶ τῆς γῆς.
Τὸν ἄρτον ἡμῶν τὸν ἐπιούσιον δὸς ἡμῖν σήμερον.
Καὶ ἄφες ἡμῖν τὰ ὀφειλήματα ἡμῶν,
ὡς καὶ ἡμεῖς ἀφίεμεν τοῖς ὀφειλέταις ἡμῶν.
καὶ μὴ εἰσενέγκης ἡμᾶς εἰς πειρασμόν,
ἀλλὰ ῥῦσαι ἡμᾶς ἀπὸ τοῦ πονηροῦ.

Ἱερεύς
Ὅτι σοῦ ἐστιν ἡ βασιλεία
καὶ ἡ δύναμις καὶ ἡ δόξα
τοῦ Πατρός, καὶ τοῦ Υἱοῦ, καὶ τοῦ Ἁγίου Πνεύματος,
νῦν καὶ ἀεὶ καὶ εἰς τοὺς αἰῶνας τῶν αἰώνων.

Ehre sei dem Vater und dem Sohn
    und dem Heiligen Geist,
jetzt und immerdar und in alle Ewigkeit. Amen.

Allheilige Dreieinigkeit, erbarme dich unser!
Herr, verzeihe unsere Sünden!
Gebieter, vergib uns unsere Frevel!
Heiliger, sieh an und heile unsere Krankheiten
um deines Namens willen!

Kyrie eleison, Kyrie eleison, Kyrie eleison!

Ehre sei dem Vater...
Jetzt und immerdar...

Vater unser im Himmel,
geheiligt werde dein Name.
Dein Reich komme.
Dein Wille geschehe, wie im Himmel, so auf Erden.
Unser tägliches Brot gib uns heute.
Und vergib uns unsere Schuld,
wie auch wir vergeben unsern Schuldigern.
Und führe uns nicht in Versuchung,
sondern erlöse uns von dem Bösen.

Priester
Denn dein ist das Reich
und die Kraft und die Herrlichkeit,
des Vaters und des Sohnes und des Heiligen Geistes,
jetzt und immerdar und in alle Ewigkeit.

Ἀ ν α γ ν ώ σ τ η ς
Ἀμήν.

Κύριε ἐλέησον. *(δωδεκάκις)*

Δόξα Πατρί ...
Καὶ νῦν ...

Δεῦτε προσκυνήσωμεν καὶ προσπέσωμεν
τῷ βασιλεῖ ἡμῶν Θεῷ.
Δεῦτε προσκυνήσωμεν καὶ προσπέσωμεν
Χριστῷ τῷ βασιλεῖ ἡμῶν Θεῷ.
Δεῦτε προσκυνήσωμεν καὶ προσπέσωμεν
αὐτῷ Χριστῷ τῷ βασιλεῖ καὶ Θεῷ ἡμῶν.

Ψ α λ μ ό ς 50ός

Ἐλέησόν με, ὁ Θεός, κατὰ τὸ μέγα ἔλεός σου·
καὶ κατὰ τὸ πλῆθος τῶν οἰκτιρμῶν σου ἐξάλειψον
τὸ ἀνόμημά μου.

Ἐπὶ πλεῖον πλῦνόν με ἀπὸ τῆς ἀνομίας μου·
καὶ ἀπὸ τῆς ἁμαρτίας μου καθάρισόν με.

Ὅτι τὴν ἀνομίαν μου ἐγὼ γιγνώσκω·
καὶ ἡ ἁμαρτία μου ἐνώπιόν μου ἐστὶ διὰ παντός.

Lektor
Amen.

Kyrie eleison! *(zwölfmal)*

Ehre sei dem Vater...
Jetzt und immerdar...

Kommt, laßt uns anbeten und niederfallen
vor Gott, unserem König!
Kommt, laßt uns anbeten und niederfallen
vor Christus, Gott, unserem König!
Kommt, laßt uns anbeten und niederfallen
vor Christus selbst, unserem König und Gott!

P s a l m 50 (51)

Erbarme dich meiner, o Gott, nach deinem großen
    Erbarmen,
und nach der Fülle deiner Erbarmungen tilge meinen
    Frevel!

Wasche mich ganz von meiner Schuld,
und reinige mich von meiner Sünde!

Denn meine Schuld erkenne ich,
und meine Sünde steht mir ständig vor Augen.

Σοὶ μόνῳ ἥμαρτον.
Καὶ τὸ πονηρὸν ἐνώπιόν σου ἐποίησα,
ὅπως ἂν δικαιωθῇς ἐν τοῖς λόγοις σου,
καὶ νικήσῃς ἐν τῷ κρίνεσθαί σε.

Ἰδοὺ γὰρ ἐν ἀνομίαις συνελήφθην·
καὶ ἐν ἁμαρτίαις ἐκίσσησέ με ἡ μήτηρ μου.

Ἰδοὺ γὰρ ἀλήθειαν ἠγάπησας·
τὰ ἄδηλα καὶ τὰ κρύφια τῆς σοφίας σου ἐδήλωσάς μοι.

Ραντιεῖς με ὑσσώπῳ καὶ καθαρισθήσομαι·
πλυνεῖς με καὶ ὑπὲρ χιόνα λευκανθήσομαι.

Ἀκουτιεῖς μοι ἀγαλλίασιν καὶ εὐφροσύνην·
ἀγαλλιάσονται ὀστέα τεταπεινωμένα.

Ἀπόστρεψον τὸ πρόσωπόν σου ἀπὸ τῶν ἁμαρτιῶν μου·
καὶ πάσας τὰς ἀνομίας μου ἐξάλειψον.

Καρδίαν καθαρὰν κτίσον ἐν ἐμοί, ὁ Θεός·
καὶ πνεῦμα εὐθὲς ἐγκαίνισον ἐν τοῖς ἐγκάτοις μου.

Μὴ ἀπορρίψῃς με ἀπὸ τοῦ προσώπου σου
καὶ τὸ Πνεῦμά σου τὸ Ἅγιον μὴ ἀντανέλῃς ἀπ᾽ἐμοῦ.

Ἀπόδος μοι τὴν ἀγαλλίασιν τοῦ σωτηρίου σου·
καὶ Πνεύματι ἡγεμονικῷ στήριξόν με.

Διδάξω ἀνόμους τὰς ὁδούς σου·
καὶ ἀσεβεῖς ἐπί σὲ ἐπιστρέψουσι.

Gegen dich allein habe ich gesündigt,
und Böses habe ich vor dir getan,
auf daß du gerecht erscheinst in deinen Worten
und obsiegst, wenn man über dich urteilt.

Denn siehe, in Schulden ward ich empfangen,
und in Sünden gebar mich meine Mutter.

Denn siehe, die Wahrheit hast du geliebt,
das Geheime und Verborgene deiner Weisheit
    hast du mir kundgetan.

Besprenge mich mit Ysop, und ich werde rein,
wasche mich, und ich werde weißer als Schnee.

Laß mich vernehmen Jubel und Freude;
es werden jubeln die geschwächten Gebeine.

Wende dein Antlitz von meinen Sünden,
und tilge all meine Schuld!

Ein reines Herz schaffe in mir, o Gott,
und den rechten Geist erneuere in meinem Inneren!

Verwirf mich nicht vor deinem Angesicht,
und deinen heiligen Geist nimm nicht von mir!

Gib mir aufs neue den Jubel deines Heils,
und stütze mich durch den leitenden Geist!

Lehren will ich die Gesetzlosen deine Wege,
und die Gottlosen werden umkehren zu dir.

Ρῦσαί με ἐξ αἱμάτων, ὁ Θεός, ὁ Θεὸς τῆς σωτηρίας μου·
ἀγαλλιάσεται ἡ γλῶσσά μου τὴν δικαιοσύνην σου.

Κύριε, τὰ χείλη μου ἀνοίξεις·
καὶ τὸ στόμα μου ἀναγγελεῖ τὴν αἴνεσίν σου.

Ὅτι, εἰ ἠθέλησας θυσίαν, ἔδωκα ἄν·
ὁλοκαυτώματα οὐκ εὐδοκήσεις.

Θυσία τῷ Θεῷ πνεῦμα συντετριμμένον·
καρδίαν συντετριμμένην καὶ τεταπεινωμένην ὁ Θεὸς
      οὐκ ἐξουδενώσει.

Ἀγάθυνον, Κύριε, ἐν τῇ εὐδοκίᾳ σου τὴν Σιών!
καὶ οἰκοδομηθήτω τὰ τείχη Ἱερουσαλήμ.

Τότε εὐδοκήσεις θυσίαν δικαιοσύνης,
ἀναφορὰν καὶ ὁλοκαυτώματα.
Τότε ἀνοίσουσιν ἐπὶ τὸ θυσιαστήριόν σου μόσχους.

Ψαλμός 69ος

Ὁ Θεός, εἰς τὴν βοήθειάν μου πρόσχες,
Κύριε, εἰς τὸ βοηθῆσαί μοι σπεῦσον.

Αἰσχυνθήτωσαν καὶ ἐντραπήτωσαν
οἱ ζητοῦντες τὴν ψυχήν μου.

Ἀποστραφήτωσαν εἰς τὰ ὀπίσω, καὶ καταισχυνθήτωσαν
οἱ βουλόμενοί μοι κακά.

Befrei mich von Blutschuld, Gott, du Gott meines Heils;
dann wird meine Zunge jubeln über deine Gerechtigkeit.

Herr, öffne meine Lippen,
und mein Mund wird verkünden deinen Ruhm.

Denn wenn du ein Opfer wolltest, ich brächte es dir,
doch an Brandopfern hast du kein Gefallen.

Das Opfer für Gott ist ein zerknirschter Geist,
ein zerknirschtes und zerschlagenes Herz wird Gott nicht
    verschmähen.

Tu Gutes, o Herr, in deiner Huld an Zion,
und bau die Mauern Jerusalems wieder auf!

Dann hast du Gefallen am Opfer der Gerechtigkeit,
an Darbringung und Brandopfern;
dann bringt man Kälber auf deinen Altar.

P s a l m 69 (70)

Gott, komm mir zu Hilfe;
Herr, eile, mir zu helfen!

Es sollen sich schämen und zuschanden werden,
die mir nach dem Leben trachten.

Zurückweichen sollen sie und beschämt werden,
die mir Übles wollen.

Ἀποστραφήτωσαν παραυτίκα αἰσχυνόμενοι
οἱ λέγοντές μοι· εὖγε, εὖγε.

Ἀγαλλιάσθωσαν καὶ εὐφρανθήτωσαν ἐπὶ σοὶ πάντες
οἱ ζητοῦντες σέ, ὁ Θεός.

Καὶ λεγέτωσαν διὰ παντός· μεγαλυνθήτω ὁ Κύριος,
οἱ ἀγαπῶντες τὸ σωτήριόν σου.

Ἐγὼ δὲ πτωχός εἰμι καὶ πένης·
ὁ Θεός, βοήθησόν μοι.

Βοηθός μου καὶ ρύστης μου εἶ σύ·
Κύριε, μὴ χρονίσῃς.

Ψαλμός 142ος

Κύριε, εἰσάκουσον τῆς προσευχῆς μου,
ἐνώτισαι τὴν δέησίν μου ἐν τῇ ἀληθείᾳ σου,
εἰσάκουσόν μου ἐν τῇ δικαιοσύνῃ σου.

Καὶ μὴ εἰσέλθῃς εἰς κρίσιν μετὰ τοῦ δούλου σου,
ὅτι οὐ δικαιωθήσεται ἐνώπιόν σου πᾶς ζῶν.

Ὅτι κατεδίωξεν ὁ ἐχθρὸς τὴν ψυχήν μου·
ἐταπείνωσεν εἰς γῆν τὴν ζωήν μου.
Ἐκάθισέ με ἐν σκοτεινοῖς, ὡς νεκροὺς αἰῶνος,

καὶ ἠκηδίασεν ἐπ'ἐμὲ τὸ πνεῦμά μου,
ἐν ἐμοὶ ἐταράχθη ἡ καρδία μου.

Zurückweichen sollen sie sofort und sich schämen,
die zu mir sagen: Recht so, recht so.

Frohlocken sollen und sich freuen über dich alle,
die dich suchen, o Gott;

und die dein Heil lieben, sollen immer sagen:
Hochgelobt sei der Herr.

Ich aber bin arm und elend;
Gott, hilf mir!

Mein Helfer und mein Retter bist du;
Herr, säume nicht!

P s a l m   142 (143)

Herr, erhöre mein Gebet,
vernimm mein Flehen in deiner Wahrheit,
erhöre mich in deiner Gerechtigkeit;

und gehe nicht ins Gericht mit deinem Knecht,
denn vor dir ist kein Lebender gerecht.

Der Feind verfolgt meine Seele,
tritt mein Leben zu Boden,
er setzt mich ins Finstere wie längst Verstorbene.

Und mein Geist ist betrübt in mir,
mein Herz in mir verstört.

Ἐμνήσθην ἡμερῶν ἀρχαίων,
ἐμελέτησα ἐν πᾶσι τοῖς ἔργοις σου,
ἐν ποιήμασι τῶν χειρῶν σου ἐμελέτων.

Διεπέτασα πρὸς σὲ τὰς χεῖράς μου,
ἡ ψυχή μου ὡς γῆ ἄνυδρός σοι.

Ταχὺ εἰσάκουσόν μου, Κύριε·
ἐξέλιπε τὸ πνεῦμά μου.
Μὴ ἀποτρέψῃς τὸ πρόσωπόν σου ἀπ᾽ ἐμοῦ,
καὶ ὁμοιωθήσομαι τοῖς καταβαίνουσιν εἰς λάκκον.

Ἀκουστὸν ποίησόν μοι τὸ πρωΐ τὸ ἔλεός σου,
ὅτι ἐπὶ σοὶ ἤλπισα.
Γνώρισόν μοι, Κύριε, ὁδὸν ἐν ᾗ πορεύσομαι,
ὅτι πρὸς σὲ ἦρα τὴν ψυχήν μου.

Ἐξελοῦ με ἐκ τῶν ἐχθρῶν μου, Κύριε,
πρὸς σὲ κατέφυγον.

Δίδαξόν με τοῦ ποιεῖν τὸ θέλημά σου,
ὅτι σὺ εἶ ὁ Θεός μου.
Τὸ πνεῦμα σου τὸ ἀγαθὸν ὁδηγήσει με ἐν γῇ εὐθείᾳ.

Ἕνεκεν τοῦ ὀνόματός σου, Κύριε, ζήσεις με.
Ἐν τῇ δικαιοσύνῃ σου ἐξάξεις ἐκ θλίψεως
                τὴν ψυχήν μου,

καὶ ἐν τῷ ἐλέει σου ἐξολοθρεύσεις τοὺς ἐχθρούς μου.
Καὶ ἀπολεῖς πάντας τοὺς θλίβοντας τὴν ψυχήν μου,
ὅτι ἐγὼ δοῦλός σού εἰμι.

Ich denke an die alten Zeiten,
sinne nach über all deine Taten,
über die Werke deiner Hände denke ich nach.

Ich breite meine Hände aus zu dir,
meine Seele dürstet nach dir wie dürres Land.

Bald erhöre mich, o Herr,
mein Geist vergeht;
wende nicht ab dein Angesicht von mir,
damit ich nicht gleich werde denen, die
    in die Grube absteigen.

Laß mich deine Barmherzigkeit erfahren
    am frühen Morgen,
denn ich hoffe auf dich.
Zeig mir den Weg, Herr, den ich gehen soll,
denn zu dir erhebe ich meine Seele.

Errette mich von meinen Feinden, o Herr,
denn zu dir bin ich geflohen.

Lehre mich, deinen Willen zu tun,
denn du bist mein Gott.
Dein guter Geist leite mich auf ebenem Pfad.

Um deines Namens willen, Herr, erhalte mich am Leben,
in deiner Gerechtigkeit reiße aus der Trübsal meine Seele!

Und in deiner Barmherzigkeit vernichte meine Feinde,
und vertilge alle, die meine Seele quälen,
denn ich bin dein Knecht.

Δοξολογία

Δόξα ἐν ὑψίστοις Θεῷ,
καὶ ἐπὶ γῆς εἰρήνη,
ἐν ἀνθρώποις εὐδοκία.

Ὑμνοῦμέν σε,
εὐλογοῦμέν σε,
προσκυνοῦμέν σε,
δοξολογοῦμέν σε,
εὐχαριστοῦμέν σοι
διὰ τὴν μεγάλην σου δόξαν.

Κύριε Βασιλεῦ,
ἐπουράνιε Θεέ,
Πάτερ Παντοκράτορ·
Κύριε, Υἱὲ μονογενές,
Ἰησοῦ Χριστέ,
καὶ Ἅγιον Πνεῦμα.

Κύριε ὁ Θεός,
ὁ ἀμνὸς τοῦ Θεοῦ,
ὁ Υἱὸς τοῦ Πατρός,
ὁ αἴρων τὴν ἁμαρτίαν τοῦ κόσμου·
ἐλέησον ἡμᾶς
ὁ αἴρων τὰς ἁμαρτίας τοῦ κόσμου.

Πρόσδεξαι τὴν δέησιν ἡμῶν,
ὁ καθήμενος ἐν δεξιᾷ τοῦ Πατρός,
καὶ ἐλέησον ἡμᾶς.

Doxologie

Ehre sei Gott in der Höhe
und auf Erden Friede,
den Menschen ein Wohlgefallen!

Wir besingen dich,
wir preisen dich,
wir beten dich an,
wir verherrlichen dich,
wir danken dir
ob deiner großen Herrlichkeit!

Herr, König,
himmlischer Gott,
Vater, Allherrscher,
Herr, einziggeborener Sohn,
Jesus Christus,
und Heiliger Geist.

Herr, Gott,
Lamm Gottes,
Sohn des Vaters,
du nimmst hinweg die Sünde der Welt,
erbarme dich unser,
der du nimmst hinweg die Sünden der Welt!

Nimm an unser Gebet,
der du sitzt zur Rechten des Vaters,
und erbarme dich unser.

Ὅτι σὺ εἶ μόνος Ἅγιος,
σὺ εἶ μόνος Κύριος·
Ἰησοῦς Χριστός,
εἰς δόξαν Θεοῦ Πατρός. Ἀμήν.

Καθ᾿ ἑκάστην ἑσπέραν εὐλογήσω σε,
καὶ αἰνέσω τὸ ὄνομά σου εἰς τὸν αἰῶνα,
καὶ εἰς τὸν αἰῶνα τοῦ αἰῶνος.

Κύριε, καταφυγή,
ἐγενήθης ἡμῖν
ἐν γενεᾷ καὶ γενεᾷ.
Ἐγὼ εἶπα·
Κύριε, ἐλέησόν με·
ἴασαι τὴν ψυχήν μου,
ὅτι ἥμαρτόν σοι.

Κύριε, πρὸς σὲ κατέφυγον·
δίδαξόν με τοῦ ποιεῖν τὸ θέλημά σου,
ὅτι σὺ εἶ ὁ Θεός μου.

Ὅτι παρὰ σοὶ πηγὴ ζωῆς·
ἐν τῷ φωτί σου ὀψόμεθα φῶς.

Παράτεινον τὸ ἔλεός σου
τοῖς γινώσκουσί σε.

Καταξίωσον, Κύριε,
ἐν τῇ νυκτὶ ταύτῃ
ἀναμαρτήτους φυλαχθῆναι ἡμᾶς.

Denn du allein bist heilig,
du allein der Herr,
Jesus Christus,
zur Herrlichkeit Gottes des Vaters. Amen.

Jeden Abend will ich dich preisen
und deinen Namen loben in Ewigkeit
und in alle Ewigkeit.

Herr, Zuflucht
bist du uns geworden
von Geschlecht zu Geschlecht.
Ich sprach:
Herr, erbarme dich meiner,
heile meine Seele,
denn ich habe gesündigt vor dir!

Herr, zu dir habe ich mich geflüchtet,
lehre mich deinen Willen tun,
denn du bist mein Gott.

Denn bei dir ist der Quell des Lebens,
in deinem Licht werden wir schauen das Licht.

Bewahre deine Barmherzigkeit denen,
die dich kennen.

Mache uns würdig, Herr,
in dieser Nacht
von Sünde bewahrt zu bleiben.

Εὐλογητὸς εἶ, Κύριε,
ὁ Θεὸς τῶν Πατέρων ἡμῶν,
καὶ αἰνετὸν καὶ δεδοξασμένον τὸ ὄνομά σου
εἰς τοὺς αἰῶνας. Ἀμήν.

Γένοιτο, Κύριε, τὸ ἔλεός σου ἐφ᾽ ἡμᾶς,
καθάπερ ἠλπίσαμεν ἐπὶ σέ.

Εὐλογητὸς εἶ, Κύριε,
δίδαξόν με τὰ δικαιώματά σου.

Εὐλογητὸς εἶ, Δέσποτα,
συνέτισόν με τὰ δικαιώματά σου.
Εὐλογητὸς εἶ, Ἅγιε,
φώτισόν με τοῖς δικαιώμασί σου.

Κύριε, τὸ ἔλεός σου εἰς τὸν αἰῶνα·
τὰ ἔργα τῶν χειρῶν σου μὴ παρίδης.

Σοὶ πρέπει αἶνος,
σοὶ πρέπει ὕμνος,
σοὶ δόξα πρέπει,
τῷ Πατρὶ καὶ τῷ Υἱῷ καὶ τῷ Ἁγίῳ Πνεύματι,
νῦν καὶ ἀεὶ,
καὶ εἰς τοὺς αἰῶνας τῶν αἰώνων.

Ἀμήν.

Gepriesen bist du, Herr,
Gott unserer Väter,
und gelobt und verherrlicht ist dein Name
in Ewigkeit. Amen.

Dein Erbarmen, Herr, sei auf uns,
wie wir gehofft haben auf dich.

Gespriesen bist du, Herr,
lehre mich deine Weisungen!

Gepriesen bist du, Gebieter,
erziehe mich in deinen Weisungen.
Gepriesen bist du, Heiliger,
erleuchte mich durch deine Weisungen!

Herr, deine Barmherzigkeit in Ewigkeit;
verachte nicht die Werke deiner Hände!

Dir gebührt Lob,
dir gebührt Preisgesang,
Ehre gebührt dir,
dem Vater und dem Sohn und dem Heiligen Geist,
jetzt und immerdar
und in alle Ewigkeit.

Amen.

Τὸ Σύμβολον τῆς Πίστεως

Πιστεύω εἰς ἕνα Θεόν,
Πατέρα, παντοκράτορα,
ποιητὴν οὐρανοῦ καὶ γῆς,
ὁρατῶν τε πάντων καὶ ἀοράτων.

Καὶ εἰς ἕνα Κύριον Ἰησοῦν Χριστόν,
τὸν Υἱὸν τοῦ Θεοῦ τὸν μονογενῆ,
τὸν ἐκ τοῦ Πατρὸς γεννηθέντα πρὸ πάντων τῶν αἰώνων.
Φῶς ἐκ φωτός,
Θεὸν ἀληθινὸν ἐκ Θεοῦ ἀληθινοῦ,
γεννηθέντα οὐ ποιηθέντα,
ὁμοούσιον τῷ Πατρί,
δι' οὗ τὰ πάντα ἐγένετο.
Τὸν δι' ἡμᾶς τοὺς ἀνθρώπους καὶ διὰ τὴν ἡμετέραν
                                        σωτηρίαν
κατελθόντα ἐκ τῶν οὐρανῶν
καὶ σαρκωθέντα
ἐκ Πνεύματος Ἁγίου καὶ Μαρίας τῆς παρθένου,
καὶ ἐνανθρωπήσαντα.
Σταυρωθέντα τε ὑπὲρ ἡμῶν ἐπὶ Ποντίου Πιλάτου,
καὶ παθόντα, καὶ ταφέντα.
Καὶ ἀναστάντα τῇ τρίτῃ ἡμέρα,
κατὰ τὰς Γραφάς.
Καὶ ἀνελθόντα εἰς τοὺς οὐρανούς,
καὶ καθεζόμενον ἐκ δεξιῶν τοῦ Πατρός.
Καὶ πάλιν ἐρχόμενον μετὰ δόξης
κρῖναι ζῶντας καὶ νεκρούς,
οὗ τῆς βασιλείας οὐκ ἔσται τέλος.

Das Glaubensbekenntnis

Ich glaube an den einen Gott,
den allmächtigen Vater,
Schöpfer des Himmels und der Erde,
alles Sichtbaren und Unsichtbaren.

Und an den einen Herrn Jesus Christus,
Gottes einziggeborenen Sohn,
der vom Vater gezeugt ist vor aller Zeit.
Licht vom Licht,
wahrer Gott vom wahren Gott,
gezeugt, nicht geschaffen,
eines Wesens mit dem Vater,
durch den alles geschaffen ist.
Für uns Menschen und zu unserem Heil
ist er vom Himmel herabgestiegen
und Fleisch geworden
vom Heiligen Geist und der Jungfrau Maria
und ist Mensch geworden.
Er wurde für uns gekreuzigt unter Pontius Pilatus,
hat gelitten und ist begraben worden,
ist am dritten Tag auferstanden
nach der Schrift.
Er ist aufgefahren in den Himmel
und sitzt zur Rechten des Vaters.
Er wird wiederkommen in Herrlichkeit,
zu richten die Lebenden und die Toten;
seiner Herrschaft wird kein Ende sein.

Καὶ εἰς τὸ Πνεῦμα τὸ Ἅγιον,
τὸ Κύριον, τὸ ζωοποιόν,
τὸ ἐκ τοῦ Πατρὸς ἐκπορευόμενον,
τὸ σὺν Πατρὶ καὶ Υἱῷ συμπροσκυνούμενον
καὶ συνδοξαζόμενον,
τὸ λαλῆσαν διὰ τῶν Προφητῶν.
Εἰς μίαν, ἁγίαν, καθολικήν, καὶ ἀποστολικὴν
                                          Ἐκκλησίαν.
Ὁμολογῶ ἕν βάπτισμα
εἰς ἄφεσιν ἁμαρτιῶν.
Προσδοκῶ ἀνάστασιν νεκρῶν.
Καὶ ζωὴν τοῦ μέλλοντος αἰῶνος.
Ἀμήν.

Τὸ Μεγαλυνάριον
τῆς Θεοτόκου

Ἄξιόν ἐστιν ὡς ἀληθῶς,
μακαρίζειν σὲ τὴν Θεοτόκον,
τὴν ἀειμακάριστον καὶ παναμώμητον
καὶ μητέρα τοῦ Θεοῦ ἡμῶν.
Τὴν τιμιωτέραν τῶν Χερουβὶμ
καὶ ἐνδοξοτέραν ἀσυγκρίτως τῶν Σεραφὶμ
τὴν ἀδιαφθόρως Θεὸν Λόγον τεκοῦσαν,
τὴν ὄντως Θεοτόκον
σὲ μεγαλύνομεν.

Und an den Heiligen Geist,
den Herrn, den Lebenschaffenden,
der vom Vater ausgeht,
der mit dem Vater und dem Sohn zugleich angebetet
und verherrlicht wird,
der gesprochen hat durch die Propheten.
Und an die eine, heilige, katholische und apostolische
    Kirche.
Ich bekenne die eine Taufe
zur Vergebung der Sünden.
Ich erwarte die Auferstehung der Toten
und das Leben der kommenden Welt.
Amen.

Megalynarion
der Gottesgebärerin

Wahrhaftig würdig ist es,
dich seligzupreisen, die Gottesgebärerin,
die immerseligste und ganz unbefleckte
und Mutter unseres Gottes.
Du bist ehrwürdiger als die Cherubim
und unvergleichlich herrlicher als die Seraphim.
Unversehrt hast du Gott, den Logos, geboren,
wahrhafte Gottesgebärerin,
dich preisen wir hoch.

II

Ο ΚΑΝΩΝ

DER KANON

II. Ο ΚΑΝΩΝ

Ἰωσὴφ τοῦ ὑμνογράφου

Ὠδὴ Α΄ - Ἦχος δ΄

Ὁ Εἱρμός

Ἀνοίξω τὸ στόμα μου,
καὶ πληρωθήσεται Πνεύματος,
καὶ λόγον ἐρεύξομαι
τῇ Βασιλίδι μητρί,
καὶ ὀφθήσομαι,
φαιδρῶς πανηγυρίζων,
καὶ ᾄσω γηθόμενος,
ταύτης τὰ θαύματα.

Τροπάρια

Ὑπεραγία Θεοτόκε, σῶσον ἡμᾶς.

Χριστοῦ βίβλον ἔμψυχον,
ἐσφραγισμένην σὲ Πνεύματι,
ὁ μέγας Ἀρχάγγελος,
Ἁγνή, θεώμενος,
ἐπεφώνει σοι·
«Χαῖρε, χαρᾶς δοχεῖον,
δι' ἧς τῆς προμήτορος
ἀρὰ λυθήσεται.»

II. DER KANON

des Hymnographen Joseph

Erste Ode – 4. Ton

Heirmos

Öffnen will ich meinen Mund,
und er wird erfüllt werden vom Geist,
und singen will ich ein Lied
der Königin Mutter;
und ich werde erscheinen
froh beim Lobgesang,
und freudig werde ich singen
ihre Wunder.

Troparien

Hochheilige Gottesgebärerin, rette uns!

Als Christi lebendiges Buch,
versiegelt durch den Geist,
der große Erzengel
dich, Reine, schauend,
sprach zu dir:
„Sei gegrüßt, der Freude Gefäß,
durch das der Stammutter Fluch
gelöst wird!"

Ὑπεραγία Θεοτόκε, σῶσον ἡμᾶς.

Ἀδὰμ ἐπανόρθωσις,
χαῖρε, παρθένε θεόνυμφε,
τοῦ Ἅδου ἡ νέκρωσις,
χαῖρε, Πανάμωμε,
τὸ παλάτιον
τοῦ μόνου Βασιλέως·
χαῖρε, θρόνε πύρινε,
τοῦ Παντοκράτορος.

Δόξα Πατρὶ ...

Ῥόδον τὸ ἀμάραντον
χαῖρε, ἡ μόνη βλαστήσασα·
τὸ μῆλον τὸ εὔοσμον,
χαῖρε, ἡ τέξασα·
τὸ ὀσφράδιον
τοῦ πάντων βασιλέως·
χαῖρε, ἀπειρόγαμε,
κόσμου διάσωσμα.

Καὶ νῦν ...

Ἁγνείας θησαύρισμα,
χαῖρε, δι' ἧς ἐκ τοῦ πτώματος
ἡμῶν ἐξανέστημεν·
χαῖρε, ἡδύπνοον κρίνον,
Δέσποινα,

Hochheilige Gottesgebärerin, rette uns!

Adams Aufrichtung,
sei gegrüßt, jungfräuliche Gottesbraut,
des Hades Vernichtung;
sei gegrüßt, Allreine,
Palast
des einzigen Königs;
sei gegrüßt, des Allherrschers
feuriger Thron!

Ehre sei dem Vater...

Unverwelkliche Rose,
sei gegrüßt, du allein ließest sprossen
den duftenden Apfel;
sei gegrüßt, du hast geboren
den Wohlgeruch
des Königs aller;
sei gegrüßt, Eheunerfahrene,
Rettung der Welt.

Jetzt und immerdar...

Schatz der Reinheit,
sei gegrüßt, durch dich erstanden wir wieder
von unserem Fall;
sei gegrüßt, lieblich duftende Lilie,
Gebieterin,

πιστοὺς εὐωδιάζον·
θυμίαμα εὔοσμον,
μῦρον πολύτιμον.

Ὠδὴ Γ΄

Ὁ Εἱρμός

Τοὺς σοὺς ὑμνολόγους, Θεοτόκε,
ὡς ζῶσα καὶ ἄφθονος πηγή,
θίασον συγκροτήσαντας,
πνευματικὸν στερέωσον·
καὶ ἐν τῇ θείᾳ δόξῃ σου
στεφάνων δόξης ἀξίωσον.

Τροπάρια

Ὑπεραγία Θεοτόκε, σῶσον ἡμᾶς.

Στάχυν ἡ βλαστήσασα τὸν θεῖον,
ὡς χώρα ἀνήροτος σαφῶς,
χαῖρε, ἔμψυχε τράπεζα,
ἄρτον ζωῆς χωρήσασα·
χαῖρε, τοῦ ζῶντος ὕδατος
πηγὴ ἀκένωτος, Δέσποινα.

die Gläubigen erfüllst du mit Wohlgeruch;
wohlriechender Weihrauch,
kostbares Salböl.

Dritte Ode

Heirmos

Die dich besingen, Gottesgebärerin,
lebendiger und nicht versiegender Quell,
stärke alle,
die einen geistlichen Reigen bilden,
und in deiner göttlichen Herrlichkeit
würdige sie der Herrlichkeit Kränze.

Troparien

Hochheilige Gottesgebärerin, rette uns!

Du ließest sprossen die göttliche Ähre;
als unbestelltes Land gewiß,
sei gegrüßt, lebendige Tafel,
die des Lebens Brot trägt;
sei gegrüßt, des lebendigen Wassers
unversiegbarer Quell, Gebieterin!

Ὑπεραγία Θεοτόκε, σῶσον ἡμᾶς.

Δάμαλις τὸν μόσχον ἡ τεκοῦσα,
τὸν ἄμωμον, χαῖρε, τοῖς πιστοῖς·
χαῖρε, ἀμνὰς κυήσασα
Θεοῦ ἀμνὸν τὸν αἴροντα
κόσμου παντὸς τὰ πταίσματα·
χαῖρε, θερμὸν ἱλαστήριον.

Δόξα Πατρὶ ...

Ὄρθρος φαεινός, χαῖρε, ἡ μόνη,
τὸν ἥλιον φέρουσα Χριστόν,
φωτὸς κατοικητήριον·
χαῖρε, τὸ σκότος λύσασα,
καὶ τοὺς ζοφώδεις δαίμονας
ὁλοτελῶς ἐκμειώσασα.

Καὶ νῦν ...

Χαῖρε, πύλη μόνη,
ἣν ὁ Λόγος διώδευσε μόνος,
ἡ μοχλοὺς καὶ πύλας Ἅδου, Δέσποινα,
τῷ τόκῳ σου συντρίψασα·
χαῖρε, ἡ θεία εἴσοδος
τῶν σωζομένων, πανύμνητε.

Hochheilige Gottesgebärerin, rette uns!

Wie eine Färse hast du das Kalb geboren,
das reine, den Gläubigen, sei gegrüßt;
sei gegrüßt, als Lamm hast du im Schoß getragen
Gottes Lamm, das wegnimmt,
die Sünden aller Welt;
sei gegrüßt, glühende Sühne!

Ehre sei dem Vater...

Strahlende Frühe, sei gegrüßt,
du allein bringst Christus, die Sonne, hervor,
Wohnung des Lichtes;
sei gegrüßt, du hast die Finsternis zerstreut
und die finsteren Dämonen
vollständig vernichtet.

Jetzt und immerdar...

Sei gegrüßt, einziges Tor,
das allein der Logos durchschritt,
Riegel und Tore des Hades, o Gebieterin,
hast du zerschlagen durch dein Gebären;
sei gegrüßt, göttlicher Eingang
der Geretteten, Allgepriesene!

Ὠδὴ Δ΄

Ὁ Εἱρμός

Ὁ καθήμενος ἐν δόξῃ
ἐπὶ θρόνου Θεότητος,
ἐν νεφέλῃ κούφῃ
ἦλθεν Ἰησοῦς ὁ ὑπέρθεος,
τῇ ἀκηράτῳ παλάμῃ
καὶ διέσωσε,
τοὺς κραυγάζοντας·
Δόξα, Χριστέ, τῇ δυνάμει σου.

Τροπάρια

Ὑπεραγία Θεοτόκε, σῶσον ἡμᾶς.

Ἐν φωναῖς ᾀσμάτων πίστει
σοὶ βοῶμεν, Πανύμνητε·
«χαῖρε, πῖον ὄρος
καὶ τετυρωμένον ἐν Πνεύματι·
χαῖρε, λυχνία καὶ στάμνε,
μάννα φέρουσα,
τὸ γλυκαῖνον,
τὰ τῶν εὐσεβῶν αἰσθητήρια.»

Ὑπεραγία Θεοτόκε, σῶσον ἡμᾶς.

Vierte Ode

Heirmos

Der in Herrlichkeit sitzt
auf dem Thron der Gottheit,
kam auf leichter Wolke,
Jesus, der Übergöttliche,
mit reiner Hand,
und hat errettet,
die zurufen:
Ehre sei, Christus, deiner Macht!

Troparien

Hochheilige Gottesgebärerin, rette uns!

Im Hymnengesang rufen wir
gläubig dir, Allgepriesene, zu:
„Sei gegrüßt, üppiger Berg
und fruchtbar im Geist;
sei gegrüßt, Leuchter und Gefäß,
mit Manna gefüllt,
das versüßt
der Frommen Sinne."

Hochheilige Gottesbärerin, rette uns!

Ἱλαστήριον τοῦ κόσμου,
χαῖρε, ἄχραντε Δέσποινα·
χαῖρε, κλῖμαξ γῆθεν,
πάντας ἀνυψώσασα Χάριτι·
χαῖρε, ἡ γέφυρα ὄντως
ἡ μετάγουσα
ἐκ θανάτου πάντας
πρὸς ζωὴν τοὺς ὑμνοῦντάς σε.

Ὑπεραγία Θεοτόκε, σῶσον ἡμᾶς.

Οὐρανῶν ὑψηλοτέρα,
χαῖρε, γῆς τὸ θεμέλιον,
ἐν τῇ σῇ νηδύϊ,
Ἄχραντε, ἀκόπως βαστάσασα·
χαῖρε, κογχύλη
πορφύραν θείαν βάψασα,
ἐξ αἱμάτων σου,
τῷ Βασιλεῖ τῶν δυνάμεων.

Δόξα Πατρὶ ...

Νομοθέτην ἡ τεκοῦσα,
ἀληθῶς, χαῖρε, Δέσποινα,
τὸν τὰς ἀνομίας,
πάντων δωρεὰν ἐξαλείφοντα·
ἀκατανόητον βάθος,
ὕψος ἄρρητον,
Ἀπειρόγαμε, δι' ἧς ἡμεῖς ἐθεώθημεν.

Sühne der Welt,
sei gegrüßt, makellose Gebieterin;
sei gegrüßt, Leiter, die von der Erde
alle emporführt durch Gnade;
sei gegrüßt, Brücke in Wahrheit,
die vom Tod zum Leben
hinüberführt alle,
die dich preisen.

Hochheilige Gottesgebärerin, rette uns!

Höher als der Himmel,
sei gegrüßt, der Erde Grundfeste;
in deinem Schoß, Makellose,
hast du ohne Mühe getragen;
sei gegrüßt, Purpurschnecke,
du färbst göttlichen Purpur
aus deinem Blut
für den König der Mächte.

Ehre sei dem Vater...

Den Gesetzgeber hast du wahrhaft geboren,
sei gegrüßt, o Gebieterin;
ihn, der die Sünden
aller als Geschenk vertilgt;
unbegreifbare Tiefe,
unsagbare Höhe,
Eheunerfahrene,
durch die wir vergöttlicht wurden.

Καὶ νῦν ...

Σὲ τὴν πλέξασαν τῷ κόσμου
ἀχειρόπλοκον στέφανον,
ἀνυμνολογοῦμεν,
χαῖρέ σοι, Παρθένε, κραυγάζοντες,
τὸ φυλακτήριον πάντων
καὶ χαράκωμα,
καὶ κραταίωμα
καὶ ἱερὸν καταφύγιον.

Ὠδὴ Ε΄

Ὁ Εἰρμός

Ἐξέστη τὰ σύμπαντα
ἐπὶ τῇ θείᾳ δόξῃ σου·
σὺ γάρ, ἀπειρόγαμε Παρθένε,
ἔσχες ἐν μήτρᾳ
τὸν ἐπὶ πάντων Θεόν,
καὶ τέτοκας, ἄχρονον Υἱόν,
πᾶσι τοῖς ὑμνοῦσί σε,
σωτηρίαν βραβεύοντα.

Τροπάρια

Ὑπεραγία Θεοτόκε, σῶσον ἡμᾶς.

Ὁδὸν ἡ κυήσασα
ζωῆς, χαῖρε, Πανάμωμε,

Jetzt und immerdar...

Dich, die der Welt geflochten
den nicht von Händen geflochtenen Kranz,
preisen wir hoch,
sei gegrüßt, Jungfrau, rufen wir,
aller Schutz
und Wall und Festung
und heilige Zuflucht.

Fünfte Ode

Heirmos

**Erstaunte das All
ob deiner göttlichen Herrlichkeit;
denn du, eheunerfahrene Jungfrau,
hast getragen in deinem Schoß
den Gott über alles
und hast geboren den zeitlosen Sohn,
der allen, die dich preisen,
die Rettung schenkt.**

Troparien

Hochheilige Gottesgebärerin, rette uns!

Den Weg des Lebens hast du geboren,
sei gegrüßt, ganz Unbefleckte,

ἡ κατακλυσμοῦ τῆς ἁμαρτίας,
σώσασα κόσμον·
χαῖρε, θεόνυμφε,
ἄκουσμα καὶ λάλημα φρικτόν·
χαῖρε, ἐνδιαίτημα
τοῦ Δεσπότου τῆς κτίσεως.

Ὑπεραγία Θεοτόκε, σῶσον ἡμᾶς.

Ἰσχὺς καὶ ὀχύρωμα
ἀνθρώπων, χαῖρε, Ἄχραντε,
τόπε ἁγιάσματος τῆς δόξης·
νέκρωσις Ἅδου,
νυμφῶν ὀλόφωτε·
χαῖρε, τῶν Ἀγγέλων χαρμονή·
χαῖρε, ἡ βοήθεια,
τῶν πιστῶς δεομένων σου.

Ὑπεραγία Θεοτόκε, σῶσον ἡμᾶς.

Πυρίμορφον ὄχημα
τοῦ Λόγου, χαῖρε, Δέσποινα,
ἔμψυχε Παράδεισε, τὸ ξύλον,
ἐν μέσῳ ἔχων
ζωῆς τὸν Κύριον·
οὗ ὁ γλυκασμὸς ζωοποιεῖ,
πίστει τοὺς μετέχοντας
καὶ φθορᾷ ὑποκύψαντας.

von der Sünde Sintflut
errettet hast du die Welt;
sei gegrüßt, Gottesbraut,
furchterregende Kunde und Rede;
sei gegrüßt, Wohnung
des Gebieters der Schöpfung!

Hochheilige Gottesgebärerin, rette uns!

Kraft und Bollwerk der Menschen,
sei gegrüßt, Makellose,
Stätte des Heiligtums der Herrlichkeit;
Tötung des Hades,
Brautgemach voller Licht;
sei gegrüßt, der Engel Wonne;
sei gegrüßt, die Hilfe derer,
die gläubig flehen zu dir.

Hochheilige Gottesgebärerin, rette uns!

Feuerwagen des Logos,
sei gegrüßt, Gebieterin,
lebendiges Paradies,
in dessen Mitte steht
der Lebensbaum, der Herr;
dessen Süße lebendig macht alle,
die gläubig von ihm kosten,
auch wenn sie dem Verderben unterworfen.

Δόξα Πατρὶ ...

Ῥωννύμενοι σθένει σου,
πιστῶς ἀναβοῶμέν σοι·
«χαῖρε, πόλις τοῦ Παμβασιλέως,
δεδοξασμένα
καὶ ἀξιάκουστα,
περὶ ἧς λελάληνται σαφῶς·
ὄρος ἀλατόμητον,
χαῖρε, βάθος ἀμέτρητον. »

Καὶ νῦν ...

Εὐρύχωρον σκήνωμα
τοῦ Λόγου, χαῖρε, Ἄχραντε·
κόχλος ἡ τὸν θεῖον μαργαρίτην
προαγαγοῦσα,
χαῖρε, πανθαύμαστε·
πάντων πρὸς Θεὸν καταλλαγή,
τῶν μακαριζόντων σε,
Θεοτόκε, ἑκάστοτε.

Ehre sei dem Vater...

Gestärkt durch deine Kraft,
rufen wir gläubig zu dir:
„Sei gegrüßt, Stadt des Allkönigs,
über die Herrliches
und Hörenswertes
offenkundig gesprochen ist;
unabtragbarer Berg,
sei gegrüßt, unermeßliche Tiefe!"

Jetzt und immerdar...

Des Logos weiträumiges Zelt,
sei gegrüßt, Makellose;
Muschel, die hervorbringt
die göttliche Perle,
sei gegrüßt, Allbewunderte;
Versöhnung mit Gott aller,
die dich seligpreisen,
Gottesgebärerin, zu jeder Zeit.

Ὠδὴ ΣΤ΄

Ὁ Εἱρμός

Τὴν θείαν ταύτην καὶ πάντιμον,
τελοῦντες ἑορτὴν οἱ θεόφρονες
τῆς Θεομήτορος,
δεῦτε τὰς χεῖρας κροτήσωμεν,
τὸν ἐξ αὐτῆς τεχθέντα
Θεὸν δοξάζοντες.

Τροπάρια

Ὑπεραγία Θεοτόκε, σῶσον ἡμᾶς.

Παστὰς τοῦ Λόγου ἀμόλυντε,
αἰτία τῆς τῶν πάντων θεώσεως,
χαῖρε, Πανάχραντε,
τῶν Προφητῶν περιήχημα·
χαῖρε, τῶν Ἀποστόλων τὸ ἐγκαλλώπισμα.

Ὑπεραγία Θεοτόκε, σῶσον ἡμᾶς.

Ἐκ σοῦ ἡ δρόσος ἀπέσταξε,
φλογμὸν πολυθεΐας ἡ λύσασα·
ὅθεν βοῶμέν σοι·
«χαῖρε, ὁ πόκος ὁ ἔνδροσος,
ὅν Γεδεών, Παρθένε,
προεθεάσατο.»

Sechste Ode

Heirmos

Da wir dieses göttliche und stattliche Fest
der Gottesmutter begehen,
Gottesgesinnte,
kommt, laßt uns in die Hände klatschen,
den aus ihr geborenen
Gott verherrlichen.

Troparien

Hochheilige Gottesgebärerin, rette uns!

Des Logos unberührtes Gemach,
Grund der Vergöttlichung aller,
sei gegrüßt, ganz Makellose,
der Propheten Weitklang;
sei gegrüßt, der Apostel Schmuck!

Hochheilige Gottesgebärerin, rette uns!

Aus dir ist geträufelt der Tau,
der die Glut der Vielgötterei auslöschte;
daher rufen wir dir zu:
„Sei gegrüßt, betautes Vließ,
das Gedeon, Jungfrau,
voraussah."

Δόξα Πατρὶ ...

Ἰδού σοι, χαῖρε, κραυγάζομεν,
λιμὴν ἡμῖν γενοῦ θαλαττεύουσι
καὶ ὁρμητήριον,
ἐν τῷ πελάγει τῶν θλίψεων,
καὶ τῶν σκανδάλων πάντων
τοῦ πολεμήτορος.

Καὶ νῦν ...

Χαρᾶς αἰτία χαρίτωσον,
ἡμῶν τὸν λογισμὸν τοῦ κραυγάζειν σοι·
«χαῖρε, ἡ ἄφλεκτος βάτος,
νεφέλη ὁλόφωτε,
ἡ τοὺς πιστοὺς ἀπαύστως
ἐπισκιάζουσα. »

Ὠδὴ Ζ΄

Ὁ Εἱρμός

**Οὐκ ἐλάτρευσαν
τῇ κτίσει οἱ θεόφρονες,
παρὰ τὸν Κτίσαντα·
ἀλλὰ πυρὸς ἀπειλὴν
ἀνδρείως πατήσαντες,
χαίροντες ἔψαλλον·
«Ὑπερύμνητε,
ὁ τῶν πατέρων Κύριος
καὶ Θεὸς εὐλογητὸς εἶ. »**

Ehre sei dem Vater...

Siehe, wir rufen dir zu: „Sei gegrüßt;
sei unser Hafen, die wir das Meer durchfahren,
und unser Stützpunkt
im Meer der Trübsal
und aller Bedrängnis
des Feindes."

Jetzt und immerdar...

Ursache der Freude, begnade
unsere Einsicht, daß wir dir zurufen:
„Sei gegrüßt, unverbrennbarer Dornbusch,
lichthelle Wolke,
die den Gläubigen unaufhörlich
überschattet."

Siebte Ode

Heirmos

**Nicht die Schöpfung
haben die Gottesgesinnten angebetet,
doch den Schöpfer;
aber die Drohung des Feuers
mannhaft verachtend,
freudig sangen sie:
„Über alles Gepriesener,
Herr und Gott der Väter,
gepriesen bist du!"**

Τροπάρια

Ὑπεραγία Θεοτόκε, σῶσον ἡμᾶς.

Ἀνυμνοῦμέν σε
βοῶντες· «χαῖρε ὄχημα
ἡλίου τοῦ νοητοῦ·
ἄμπελος ἀληθινή,
τὸν βότρυν τὸν πέπειρον
ἡ γεωργήσασα,
οἶνον στάζοντα,
τὸν τὰς ψυχὰς εὐφραίνοντα,
τῶν πιστῶς σε δοξαζόντων.»

Ὑπεραγία Θεοτόκε, σῶσον ἡμᾶς.

Ἰατῆρα
τῶν ἀνθρώπων ἡ κυήσασα,
χαῖρε, Θεόνυμφε·
ἡ ῥάβδος ἡ μυστική,
ἄνθος τὸ ἀμάραντον
ἡ ἐξανθήσασα·
χαῖρε, Δέσποινα,
δι' ἧς χαρᾶς πληρούμεθα,
καὶ ζωὴν κληρονομοῦμεν.

Ὑπεραγία Θεοτόκε, σῶσον ἡμᾶς.

Troparien

Hochheilige Gottesgebärerin, rette uns!

Dich rühmen wir hoch,
indem wir rufen: „Sei gegrüßt,
Wagen der geistigen Sonne,
wahrer Weinstock,
du hast die reife Traube
hervorgebracht,
den sprudelnden Wein,
der die Seelen derer erfreut,
die gläubig dich verherrlichen."

Hochheilige Gottesgebärerin, rette uns!

Den Arzt der Menschen
hast du im Schoß getragen,
sei gegrüßt, Gottesbraut;
geheimnisvoller Zweig,
die unverwelkliche Blüte
hast du aufblühen lassen;
sei gegrüßt, Gebieterin,
durch dich werden wir mit Freude erfüllt
und erben das Leben.

Hochheilige Gottesgebärerin, rette uns!

Ῥητορεύουσα
οὐ σθένει γλῶσσα, Δέσποινα,
ὑμνολογῆσαί σε·
ὑπὲρ γὰρ τὰ Σεραφίμ,
ὑψώθης κυήσασα
τὸν Βασιλέα Χριστόν·
ὃν ἱκέτευε,
πάσης νῦν βλάβης ῥύσασθαι,
τοὺς πιστῶς σε προσκυνοῦντας.

Δόξα Πατρὶ ...

Εὐφημεῖ σε
μακαρίζοντα τὰ πέρατα
καὶ ἀνακράζει σοι·
«χαῖρε, ὁ τόμος ἐν ᾧ,
δακτύλῳ ἐγγέγραπται
Πατρὸς ὁ Λόγος, Ἁγνή·
ὃν ἱκέτευε,
βίβλῳ ζωῆς τοὺς δούλους σου,
καταγράψαι, Θεοτόκε. »

Καὶ νῦν ...

Ἱκετεύομεν
οἱ δοῦλοί σου καὶ κλίνομεν
γόνυ καρδίας ἡμῶν·
κλῖνον τὸ οὖς σου, Ἁγνή,
καὶ σῶσον τοὺς θλίψεσι

Wortgewandte Zunge
vermag nicht, Gebieterin,
dich zu preisen;
denn über die Seraphim
wurdest du erhoben,
da du im Schoß getragen hast Christus, den König;
ihn flehe an,
von jedem Unheil zu erlösen,
die gläubig dich verehren.

Ehre sei dem Vater...

Dich rühmen
seligpreisend die Enden der Erde
und rufen dir zu:
„Sei gegrüßt, o Buch, in das
eingeschrieben ward mit dem Finger des Vaters
der Logos, o Reine;
diesen flehe an,
in das Buch des Lebens deine Knechte
zu schreiben, Gottesgebärerin!"

Jetzt und immerdar...

Wir, deine Knechte,
flehen und neigen
das Knie unseres Herzens;
neige dein Ohr, o Reine,
und rette uns,

βυθιζομένους ἡμᾶς·
καὶ συντήρησον,
πάσης ἐχθρῶν ἁλώσεως,
τὴν σὴν Πόλιν, Θεοτόκε.

Ὠδὴ Η΄

Ὁ Εἱρμός

**Παῖδας εὐαγεῖς ἐν τῇ καμίνῳ,
ὁ τόκος τῆς Θεοτόκου διεσώσατο,
τότε μὲν τυπούμενος,
νῦν δὲ ἐνεργούμενος,
τὴν οἰκουμένην ἅπασαν
ἀγείρει ψάλλουσαν·
«τὸν Κύριον ὑμνεῖτε τὰ ἔργα,
καὶ ὑπερυψοῦτε
εἰς πάντας τοὺς αἰῶνας. »**

Τροπάρια

Ὑπεραγία Θεοτόκε, σῶσον ἡμᾶς.

Νηδύϊ τὸν Λόγον ὑπεδέξω,
τὸν πάντα βαστάζοντα ἐβάστασας,
γάλακτι ἐξέθρεψας,
νεύματι τὸν τρέφοντα,
τὴν οἰκουμένην ἅπασαν
Ἁγνή, ᾧ ψάλλομεν·

die in Trübsal versenkt sind,
und bewahre
vor aller Eroberung durch Feinde
deine Stadt, Gottesgebärerin!

Achte Ode

Heirmos

**Die schuldlosen Jünglinge im Feuerofen
hat errettet der Gottesgebärerin Gebären,
damals zwar im Abbild,
nun aber als Wirklichkeit,
hat alle Welt erweckt,
daß sie singt:
„Den Herrn preist, ihr Werke,
und erhebt ihn
in alle Ewigkeit!"**

Troparien

Hochheilige Gottesgebärerin, rette uns!

Im Schoß hast du den Logos empfangen,
getragen ihn, der das All trägt,
mit Milch den genährt,
der durch seinen Wink nährt
die ganze Welt,
o Reine, ihn, dem wir singen:

«τὸν Κύριον ὑμνεῖτε τὰ ἔργα,
καὶ ὑπερυψοῦτε
εἰς πάντας τοὺς αἰῶνας. »

-
Ὑπεραγία Θεοτόκε, σῶσον ἡμᾶς.

Μωσῆς κατενόησεν ἐν βάτῳ
τὸ μέγα μυστήριον τοῦ τόκου σου·
παῖδες, προεικόνισαν,
τοῦτο ἐμφανέστερα,
μέσον πυρὸς ἱστάμενοι,
καὶ μὴ φλεγόμενοι,
ἀκήρατε ἁγία Παρθένε·
ὅθεν σὲ ὑμνοῦμεν
εἰς πάντας τοὺς αἰῶνας.

Ὑπεραγία Θεοτόκε, σῶσον ἡμᾶς.

Οἱ πρώην ἀπάτῃ γυμνωθέντες
στολὴν ἀφθαρσίας ἐνεδύθημεν,
τῇ κυοφορίᾳ σου·
καὶ οἱ καθεζόμενοι,
ἐν σκότει παραπτώσεων
φῶς κατωπτεύσαμεν,
φωτὸς κατοικητήριον, Κόρη·
ὅθεν σὲ ὑμνοῦμεν
εἰς πάντας τοὺς αἰῶνας.

„Den Herrn preist, ihr Werke,
und erhebt ihn
in alle Ewigkeit!"

Hochheilige Gottesgebärerin, rette uns!

Moses erkannte im Dornbusch
das große Mysterium deines Gebärens;
die Jünglinge haben es sichtbar
im Bild vorher gezeigt,
als sie inmitten des Feuers standen
und nicht verbrannten,
reine, heilige Jungfrau;
darum preisen wir dich
in alle Ewigkeit.

Hochheilige Gottesgebärerin, rette uns!

Die durch Trug einst entblößt wurden,
wurden wir bekleidet mit der Unverweslichkeit Gewand
durch dein Gebären;
und die saßen
in der Finsternis der Sünden,
haben das Licht erblickt,
des Lichtes Wohnung, Braut;
darum preisen wir dich
in alle Ewigkeit.

Δόξα Πατρὶ ...

Νεκροὶ διὰ σοῦ ζωοποιοῦνται,
ζωὴν γὰρ τὴν ἐνυπόστατον ἐκύησας·
εὔλαλοι οἱ ἄλαλοι
πρώην χρηματίζοντες,
λεπροὶ ἀποκαθαίρονται,
νόσοι διώκονται,
πνευμάτων ἀερίων τὰ πλήθη,
ἥττηνται, Παρθένε,
βροτῶν ἡ σωτηρία.

Καὶ νῦν ...

Ἡ κόσμῳ τεκοῦσα σωτηρίαν,
δι' ἧς ἀπὸ γῆς εἰς ὕψος ἤρθημεν,
χαίροις, Παντευλόγητε,
σκέπη καὶ κραταίωμα,
τεῖχος καὶ ὀχύρωμα
τῶν μελῳδούντων, Ἁγνή·
«τὸν Κύριον ὑμνεῖτε τὰ ἔργα,
καὶ ὑπερυψοῦτε
εἰς πάντας τοὺς αἰῶνας.»

Ehre sei dem Vater...

Tote werden durch dich lebendig;
denn das konkrete Leben hast du empfangen;
beredt werden,
die einst stumm waren,
Aussätzige werden geheilt;
Krankheiten vertrieben,
die Scharen der Geister in den Lüften
werden besiegt, o Jungfrau,
der Sterblichen Rettung.

Jetzt und immerdar...

Der Welt hast du die Rettung geboren,
durch die wir von der Erde zur Höhe erhoben wurden,
sei gegrüßt, Allgepriesene,
Schutz und Kraft,
Festung und Bollwerk
derer, die singen, o Reine:
„Den Herrn preist, ihr Werke,
und erhebt ihn
in alle Ewigkeit!"

Ὠδὴ Θ´

Ὁ Εἱρμός

Ἅπας γηγενὴς
σκιρτάτω τῷ πνεύματι
λαμπαδουχούμενος·
πανηγυριζέτω δέ,
ἀΰλων νόων φύσις
γεραίρουσα,
τὴν ἱερὰν πανήγυριν
τῆς Θεομήτορος,
καὶ βοάτω·
«χαίροις, παμμακάριστε Θεοτόκε,
Ἁγνή, ἀειπάρθενε. »

Τροπάρια

Ὑπεραγία Θεοτόκε, σῶσον ἡμᾶς.

Ἵνα σοι πιστοὶ
τὸ Χαῖρε κραυγάζωμεν
οἱ διὰ σοῦ τῆς χαρᾶς
μέτοχοι γενόμενοι,
τῆς ἀϊδίου
ρῦσαι ἡμᾶς πειρασμοῦ,
βαρβαρικῆς ἁλώσεως
καὶ πάσης ἄλλης πληγῆς,
διὰ πλῆθος,

Neunte Ode

Heirmos

Jeder Erdgeborene
tanze im Geist,
erleuchtet;
feiere auch
der körperlosen Geister Natur
und ehre
die heilige Festfeier
der Gottesmutter
und rufe:
„Sei gegrüßt, Allseligste,
reine Gottesgebärerin, Immerjungfrau!"

Troparien

Hochheilige Gottesgebärerin, rette uns!

Damit wir Gläubigen
dir das „sei gegrüßt" zurufen,
die durch dich der Freude
teilhaft wurden,
der ewigen,
errette uns aus den Gefahren,
vor Barbaren Eroberung
und vor jedem anderen Schlag,
der ob der Menge

Κόρη, παραπτώσεων,
ἐπιούσης βροτοῖς ἁμαρτάνουσιν.

Ὑπεραγία Θεοτόκε, σῶσον ἡμᾶς.

Ὤφθης φωτισμός,
ἡμῶν καὶ βεβαίωσις,
ὅθεν βοῶμέν σοι·
«χαῖρε, ἄστρον ἄδυτον,
εἰσάγον κόσμῳ
τὸν μέγαν ἥλιον·
χαῖρε, Ἐδὲμ ἀνοίξασα
τὴν κεκλεισμένην, Ἁγνή·
χαῖρε, στῦλε πύρινε,
εἰσάγουσα,
εἰς τὴν ἄνω ζωὴν τὸ ἀνθρώπινον.»

Ὑπεραγία Θεοτόκε, σῶσον ἡμᾶς.

Στῶμεν εὐλαβῶς,
ἐν οἴκῳ Θεοῦ ἡμῶν
καὶ ἐκβοήσωμεν·
«χαῖρε, κόσμου Δέσποινα·
χαῖρε, Μαρία,
Κυρία πάντων ἡμῶν·
χαῖρε, ἡ μόνη ἄμωμος
ἐν γυναιξὶ καὶ καλή·
χαῖρε, σκεῦος,
μύρον τὸ ἀκένωτον,
ἐπὶ σὲ κενωθὲν εἰσδεξάμενον.»

der Fehltritte, Braut,
der sündigen Sterblichen droht.

Hochheilige Gottesgebärerin, rette uns!

Erschienen bist du als unsere Erleuchtung
und unsere Bürgschaft;
darum rufen wir dir zu:
„Sei gegrüßt, Stern, der nicht untergeht,
der heraufführt der Welt
die große Sonne;
sei gegrüßt, das verschlossene Eden
hast du geöffnet, o Reine,
sei gegrüßt, Feuersäule,
du hineinführst
in das obere Leben das Menschengeschlecht."

Hochheilige Gottesgebärerin, rette uns!

Laßt uns andächtig stehen
im Haus unseres Gottes
und zurufen:
„Sei gegrüßt, Gebieterin der Welt;
sei gegrüßt, Maria,
Herrin über uns alle;
sei gegrüßt, die einzige tadellose
und schöne unter den Frauen;
sei gegrüßt, Gefäß,
das aufnimmt das unausgießbare Salböl,
das in dich sich ergoß."

Δόξα Πατρὶ ...

Ἡ περιστερὰ
ἡ τὸν ἐλεήμονα ἀποκυήσασα,
χαῖρε, Ἀειπάρθενε·
Ὁσίων πάντων,
χαῖρε, τὸ καύχημα,
τῶν ἀθλητῶν στεφάνωμα·
χαῖρε, ἁπάντων τε τῶν Δικαίων,
θεῖον ἐγκαλλώπισμα,
καὶ ἡμῶν τῶν πιστῶν τὸ διάσωσμα.

Καὶ νῦν ...

Φεῖσαι ὁ Θεός,
τῆς κληρονομίας σου,
τὰς ἁμαρτίας ἡμῶν,
πάσας παραβλέπων νῦν,
εἰς τοῦτο ἔχων ἐκδυσωποῦσάν σε,
τὴν ἐπὶ γῆς ἀσπόρως
σε κυοφορήσασαν,
διὰ μέγα ἔλεος θελήσαντα,
μορφωθῆναι, Χριστέ, τὸ ἀλλότριον.

Ehre sei dem Vater...

Taube,
die den Erbarmer im Schoß getragen hat,
sei gegrüßt, Immerjungfrau;
aller Frommen Ruhm,
sei gegrüßt,
der Kämpfenden Siegeskranz;
sei gegrüßt aller Gerechten
göttliche Zier
und unsere, der Gläubigen, Rettung!

Jetzt und immerdar...

Schone, o Gott,
deines Erbes,
über all unsere Sünden
sieh nun hinweg,
darum fleht zu dir,
die dich auf Erden
ungezeugt im Schoß trug,
der du ob deines großen Erbarmens
annehmen wolltest, o Christus, das Fremdartige.

Κοντάκιον - Ἦχος πλ. δ΄

(ἀντιφωνικῶς)

Τῇ ὑπερμάχῳ στρατηγῷ τὰ νικητήρια,
ὡς λυτρωθεῖσα τῶν δεινῶν εὐχαριστήρια,
ἀναγράφω σοι ἡ πόλις σου, Θεοτόκε.
Ἀλλ᾽ ὡς ἔχουσα τὸ κράτος ἀπροσμάχητον,
ἐκ παντοίων με κινδύνων ἐλευθέρωσον.
ἵνα κράζω σοι·
«Χαῖρε, νύμφη ἀνύμφευτε ».

Kontakion - 8. Ton

(antiphonisch)

**Der unbesiegbaren Heerführerin Siegesgesang,
dir, Gottesgebärerin, Dankeslieder
bringt, aus Gefahren befreit, deine Stadt.
Da du unüberwindliche Macht besitzt,
befreie mich aus allen möglichen Gefahren,
damit ich dir zujuble:
„Sei gegrüßt, unvermählt Vermählte!"**

III

Ο ΑΚΑΘΙΣΤΟΣ ΥΜΝΟΣ

DER AKATHISTOS-HYMNOS

III. Ο ΑΚΑΘΙΣΤΟΣ ΥΜΝΟΣ

Α.

ΤΗι ΠΑΡΑΣΚΕΥΗι

ΤΗΣ Α΄ ΕΒΔΟΜΑΔΟΣ ΤΩΝ ΝΗΣΤΕΙΩΝ

ΟΙΚΟΙ

Στάσις Α΄

Οἶκος Α΄

Ἱερεύς
Ἄγγελος πρωτοστάτης
οὐρανόθεν ἐπέμφθη
εἰπεῖν τῇ Θεοτόκῳ τὸ «χαῖρε»·   (τρίς)

καὶ σὺν τῇ ἀσωμάτῳ φωνῇ
σωματούμενόν σε θεωρῶν, Κύριε,
ἐξίστατο καὶ ἵστατο
κραυγάζων πρὸς αὐτὴν τοιαῦτα·

«Χαῖρε, δι᾿ ἧς, ἡ χαρὰ ἐκλάμψει·
χαῖρε, δι᾿ ἧς ἡ ἀρὰ ἐκλείψει·

χαῖρε, τοῦ πεσόντος Ἀδὰμ ἡ ἀνάκλησις·
χαῖρε, τῶν δακρύων τῆς Εὔας ἡ λύτρωσις·

III. DER AKATHISTOS-HYMNOS

A.

AM FREITAG
DER ERSTEN FASTENWOCHE

OIKOI

1. Stanze

1. Oikos

Priester
Der Engel Fürst
wurde vom Himmel gesandt,
der Gottesgebärerin zu sagen das „sei gegrüßt",
                                                         (dreimal)
und mit seiner körperlosen Stimme,
als er dich Fleisch werden sah, Herr,
erschauerte er, erstarrte
und rief ihr zu:

„Sei gegrüßt, durch dich strahlt auf die Freude;
sei gegrüßt, durch dich schwindet der Fluch.

Sei gegrüßt, Aufrichtung des gefallenen Adam;
sei gegrüßt, Erlösung der Tränen Evas.

χαῖρε, ὕψος δυσανάβατον ἀνθρωπίνοις λογισμοῖς·
χαῖρε, βάθος δυσθεώρητον καὶ ἀγγέλων ὀφθαλμοῖς·

χαῖρε, ὅτι ὑπάρχεις βασιλέως καθέδρα·
χαῖρε, ὅτι βαστάζεις τὸν βαστάζοντα πάντα·

χαῖρε, ἀστὴρ ἐμφαίνων τὸν ἥλιον·
χαῖρε, γαστὴρ ἐνθέου σαρκώσεως·

χαῖρε, δι' ἧς νεουργεῖται ἡ κτίσις·
χαῖρε, δι' ἧς προσκυνεῖται ὁ πλάστης·

χαῖρε, νύμφη ἀνύμφευτε.»

Χορός
Χαῖρε, νύμφη ἀνύμφευτε.

Οἶκος Β'

Ἱερεύς
Βλέπουσα ἡ ἁγία
ἑαυτὴν ἐν ἁγνείᾳ
φησὶ τῷ Γαβριὴλ θαρσαλέως·
«Τὸ παράδοξόν σου τῆς φωνῆς
δυσπαράδεκτόν μου τῇ ψυχῇ φαίνεται·
ἀσπόρου γὰρ συλλήψεως
τὴν κύησιν προλέγεις κράζων·

Ἀλληλούϊα.»

Sei gegrüßt, schwer ersteigbare Höhe menschlichem
    Verstehen;
sei gegrüßt, schwer erschaubare Tiefe selbst
    Engelsaugen.

Sei gegrüßt, denn du bist des Königs Thron;
sei gegrüßt, denn du trägst den, der alles trägt.

Sei gegrüßt, Stern, der die Sonne anzeigt;
sei gegrüßt, Schoß göttlicher Fleischwerdung.

Sei gegrüßt, durch dich wird erneuert die Schöpfung;
sei gegrüßt, durch dich wird verehrt der Schöpfer.

Sei gegrüßt, unvermählt Vermählte!"

Chor
Sei gegrüßt, unvermählt Vermählte!

2. Oikos

Priester
Da die Heilige
sich in Reinheit sah,
sprach sie zu Gabriel mutig:
„Das Sonderbare deiner Worte
erscheint meiner Seele schwer annehmbar;
denn ungezeugte Schwangerschaft
sagst du voraus zujubelnd:

'Alleluja!'"

Χορός
Ἀλληλούϊα

Οἶκος Γ΄

Ἰερεύς
Γνῶσιν ἄγνωστον γνῶναι
ἡ Παρθένος ζητοῦσα
ἐβόησε πρὸς τὸν λειτουργοῦντα·
«Ἐκ λαγόνων ἁγνῶν υἱὸν
πῶς ἐστι τεχθῆναι δυνατόν; λέξον μοι.»
Πρὸς ἥν ἐκεῖνος ἔφησεν
ἐν φόβῳ πρὶν κραυγάζων οὕτω·

«Χαῖρε, βουλῆς ἀπορρήτου μύστις,
χαῖρε, σιγῇ δεομένων πίστις·

χαῖρε, τῶν θαυμάτων Χριστοῦ τὸ προοίμιον,
χαῖρε, τῶν δογμάτων αὐτοῦ τὸ κεφάλαιον·

χαῖρε, κλῖμαξ ἐπουράνιε, δι᾿ ἧς κατέβη ὁ Θεός·
χαῖρε, γέφυρα μετάγουσα τοὺς ἐκ γῆς
                       πρὸς οὐρανόν·

χαῖρε, τὸ τῶν ἀγγέλων πολυθρύλητον θαῦμα·
χαῖρε, τὸ τῶν δαιμόνων πολυθρήνητον τραῦμα·

χαῖρε, τὸ φῶς ἀρρήτως γεννήσασα·
χαῖρε, τὸ πῶς μηδένα διδάξασα·

Chor
Alleluja!

3. Oikos

Priester
Da die Jungfrau nicht erkennbare Erkenntnis
zu erkennen suchte,
rief sie dem Dienenden zu:
„Wie kann aus reinem Schoß
ein Sohn geboren werden? Sag es mir!"
Zu ihr sprach er
voll Furcht doch die Worte:

„Sei gegrüßt, Mystin unsagbaren Ratschlusses;
sei gegrüßt, Hoffnung derer, die in Schweigen flehen.

Sei gegrüßt, Vorspiel der Wunder Christi;
sei gegrüßt, Haupt seiner Lehren.

Sei gegrüßt, himmlische Leiter, auf der herabstieg Gott,
sei gegrüßt, Brücke, die die Irdischen hinaufführt
    zum Himmel.

Sei gegrüßt, von den Engeln vielgepriesenes Wunder;
sei gegrüßt, der Dämonen vielbeweinte Verwundung.

Sei gegrüßt, das Licht hast du unsagbar geboren;
sei gegrüßt, das 'wie' hast du niemandem erklärt.

χαῖρε, σοφῶν ὑπερβαίνουσα γνῶσιν·
χαῖρε, πιστῶν καταυγάζουσα φρένας·

χαῖρε, νύμφη ἀνύμφευτε. »

Χορός
Χαῖρε, νύμφη ἀνύμφευτε.

Οἶκος Δ´

Ἱερεύς
Δύναμις τοῦ ὑψίστου
ἐπεσκίασε τότε
πρὸς σύλληψιν τῇ Ἀπειρογάμῳ·
καὶ τὴν εὔκαρπον ταύτης νηδὺν
ὡς ἀγρὸν ἀνέδειξεν ἡδὺν ἅπασι
τοῖς θέλουσι θερίζειν σωτηρίαν
ἐν τῷ ψάλλειν οὕτως·

«Ἀλληλούϊα. »

Χορός
Ἀλληλούϊα.

Sei gegrüßt, du übersteigst das Wissen der Weisen;
sei gegrüßt, du erleuchtest die Sinne der Gläubigen.

Sei gegrüßt, unvermählt Vermählte!"

Chor
Sei gegrüßt, unvermählt Vermählte!

4. Oikos

Priester
Die Kraft des Höchsten
überschattete dann
zur Empfängnis die Eheunerfahrene;
und ihren fruchtbaren Schoß
erwies er als lieblichen Acker allen,
die das Heil ernten wollen,
indem sie singen:

„Alleluja!"

Chor
Alleluja!

Οἶκος Ε΄

Ἱερεύς
Ἔχουσα θεοδόχον
ἡ Παρθένος τὴν μήτραν
ἀνέδραμε πρὸς τὴν Ἐλισάβετ·
τὸ δὲ βρέφος ἐκείνης εὐθὺς
ἐπιγνοῦν τὸν ταύτης ἀσπασμὸν ἔχαιρε
καὶ ἅλμασιν ὡς ᾄσμασιν
ἐβόα πρὸς τὴν Θεοτόκον·

«Χαῖρε, βλαστοῦ ἀμαράντου κλῆμα·
χαῖρε, καρποῦ ἀθανάτου κτῆμα·

χαῖρε, γεωργὸν γεωργοῦσα φιλάνθρωπον·
χαῖρε, φυτουργὸν τῆς ζωῆς ἡμῶν φύουσα·

χαῖρε, ἄρουρα βλαστάνουσα εὐφορίαν οἰκτιρμῶν·
χαῖρε, τράπεζα βαστάζουσα εὐθηνίαν ἱλασμῶν·

χαῖρε, ὅτι λειμῶνα τῆς τρυφῆς ἀναθάλλεις·
χαῖρε, ὅτι λιμένα τῶν ψυχῶν ἑτοιμάζεις·

χαῖρε, δεκτὸν πρεσβείας θυμίαμα·
χαῖρε, παντὸς τοῦ κόσμου ἐξίλασμα·

χαῖρε, Θεοῦ πρὸς θνητοὺς εὐδοκία·
χαῖρε, θνητῶν πρὸς Θεὸν παρρησία·

χαῖρε, νύμφη ἀνύμφευτε. »

5. Oikos

Priester
Als der Schoß der Jungfrau
Gottes Gefäß geworden war,
eilte sie zu Elisabeth;
deren Kind erkannte sogleich
ihre Umarmung und freute sich;
unter Hüpfen und Singen
rief es der Gottesgebärerin zu:

„Sei gegrüßt, Rebe des unverwelklichen Sprosses;
sei gegrüßt, Acker unsterblicher Frucht.

Sei gegrüßt, den menschenliebenden Ackerbauer baust
    du an;
sei gegrüßt, den Erzeuger unseres Lebens erzeugst du.

Sei gegrüßt, Feld, das eine reiche Mitleidsfrucht bringt;
sei gegrüßt, Tafel, die reiches Erbarmen trägt.

Sei gegrüßt, die du die Wiese des Überflusses
    erblühen läßt;
sei gegrüßt, die du den Hafen der Seelen bereitest.

Sei gegrüßt, wohlgefälliger Weihrauch des Gebetes;
sei gegrüßt, Aussöhnung der ganzen Welt.

Sei gegrüßt, Gottes Wohlgefallen an den Sterblichen;
sei gegrüßt, Fürsprache der Sterblichen bei Gott.

Sei gegrüßt, unvermählt Vermählte!"

Χορός
Χαῖρε, νύμφη ἀνύμφευτε.

Οἶκος Ζ´

Ἱερεύς
Ζάλην ἔνδοθεν ἔχων
λογισμῶν ἀμφιβόλων
ὁ σώφρων Ἰωσὴφ ἐταράχθη
πρὸς τὴν ἄγαμόν σε θεωρῶν
καὶ κλεψίγαμον ὑπονοῶν, ἄμεπτε·
μαθὼν δὲ σοῦ τὴν σύλληψιν
ἐκ Πνεύματος Ἁγίου ἔφη·

«Ἀλληλούϊα.»

Χορός
Ἀλληλούϊα.

Κοντάκιον

Τῇ ὑπερμάχῳ στρατηγῷ ... (Σ. 66)

Ἀναγνώστης
Ἅγιος ὁ Θεός, ...

(ἕως «Πάτερ ἡμῶν ... » Σ. 2-4)

Chor
Sei gegrüßt, unvermählt Vermählte!

6. Oikos

Priester
Da in seinem Inneren ein Wirbel
zweifelnder Gedanken herrschte,
war erschüttert der besonnene Joseph,
als er dich, die Ehelose, schaute
und der Untreue verdächtigte, Untadelige;
doch belehrt über deine Empfängnis
vom Heiligen Geist, sprach er:

„Alleluja!"

Chor
Alleluja!

Kontakion

Der unbesiegbaren Heerführerin ... (S. 67)

Lektor
Heiliger Gott, ...

(bis „Vater unser..." S. 3-5)

Ἱερεύς

Ὅτι σοῦ ἐστιν ἡ βασιλεία ... (Σ. 4)

Κοντάκιον

τοῦ Ἁγίου τῆς ἑπομένης ἡμέρας, ἤτοι

τοῦ Ἁγίου Θεοδώρου

(μόνον κατὰ τὴν α΄ ἑβδομάδα τῶν Νηστειῶν)

Ἀναγνώστης
Πίστιν Χριστοῦ ὡσεὶ θώρακα
ἔνδον λαβὼν ἐν καρδίᾳ σου
τὰς ἐναντίας δυνάμεις κατεπάτησας, πολύαθλε,
καὶ στέφει οὐρανίῳ ἐστέφθης αἰωνίως,
ὡς ἀήττητος.

Priester

Denn dein ist das Reich... (S. 5)

Kontakion

des Heiligen des nächsten Tages

bzw. des heiligen Theodoros

(nur in der ersten Fastenwoche)

Lektor
**Den Glauben Christi als Brustpanzer
in deinem Innern, im Herzen, angenommen,
hast du die feindlichen Kräfte niedergetreten,
    Siegesruhmreicher,
so bist zu mit dem himmlischen Kranz auf ewig
    bekränzt
als Unbesiegter.**

Ἀπὸ β΄ - δ΄ ἑβδομάδος τῶν Νηστειῶν

Κοντάκιον

τῶν Ἁγίων Πάντων

Ὡς ἀπαρχὰς τῆς φύσεως,
τῷ φυτουργῷ τῆς κτίσεως,
ἡ οἰκουμένη προσφέρει σοι, Κύριε,
τοὺς θεοφόρους Μάρτυρας·
ταῖς αὐτῶν ἱκεσίαις,
ἐν εἰρήνῃ βαθείᾳ τὴν Ἐκκλησίαν σου,
διὰ τῆς Θεοτόκου συντήρησον,
πολυέλεε.

Κύριε ἐλέησον. (δωδεκάκις)

Ὁ ἐν παντὶ καιρῷ καὶ πάσῃ ὥρᾳ, ἐν οὐρανῷ καὶ ἐπὶ γῆς προσκυνούμενος καὶ δοξαζόμενος, Χριστὸς ὁ Θεός, ὁ μακρόθυμος, ὁ πολυέλεος, ὁ πολυεύσπλαχνος, ὁ τοὺς δικαίους ἀγαπῶν καὶ τοὺς ἁμαρτωλοὺς ἐλεῶν, ὁ πάντας καλῶν πρὸς σωτηρίαν διὰ τῆς ἐπαγγελίας τῶν μελλόντων ἀγαθῶν. Αὐτός, Κύριε, πρόσδεξαι καὶ ἡμῶν ἐν τῇ ὥρᾳ ταύτῃ τὰς ἐντεύξεις, καὶ ἴθυνον τὴν ζωὴν ἡμῶν πρὸς τὰς ἐντολάς σου. Τὰς ψυχὰς ἡμῶν ἁγίασον· τὰ σώματα ἅγνισον· τοὺς λογισμοὺς διόρθωσον· τὰς ἐννοίας κάθαρον· καὶ ῥῦσαι ἡμᾶς ἀπὸ πάσης θλίψεως, κακῶν καὶ ὀδύνης. Τείχισον ἡμᾶς ἁγίοις σου Ἀγγέλοις, ἵνα, τῇ παρεμβολῇ αὐτῶν φρουρούμενοι καὶ ὁδηγούμενοι, καταντήσωμεν εἰς τὴν ἑνότητα τῆς πίστεως καὶ εἰς τὴν ἐπίγνωσιν τῆς ἀπροσίτου σου δόξης· ὅτι εὐλογητὸς εἶ εἰς τοὺς αἰῶνας τῶν αἰώνων. Ἀμήν.

In der zweiten - vierten Fastenwoche das

K o n t a k i o n

aller Heiligen

Als Erstlingsfrucht der Natur
bringt dir, o Herr,
dem Gärtner der Schöpfung,
alle Welt dar die gotterfüllten Märtyrer;
auf ihr Flehen
bewahre deine Kirche im tiefen Frieden,
durch die Gottesgebärerin,
Vielerbarmender!

Kyrie eleison! *(zwölfmal)*

Zu jeder Zeit und zu jeder Stunde wirst du im Himmel und auf Erden angebetet und verherrlicht, Christus, Gott; du Langmütiger, du Vielerbarmender, du Barmherziger, der du die Gerechten liebst und dich der Sünder erbarmst, der du alle zum Heil rufst durch die Verheißung der zukünftigen Güter; du selbst, Herr, nimm auch unser Gebet in dieser Stunde an und richte unser Leben nach deinen Geboten aus. Heile unsere Seelen, reinige unsere Leiber, lenke unsere Gedanken, läutere unser Sinnen und bewahre uns vor jeder Trübsal, vor Übel und Schmerz. Beschütze uns durch deine heiligen Engel, damit wir durch ihre Schutzwehr bewacht und geführt, zur Einheit des Glaubens und zur Erkenntnis deiner unfaßbaren Herrlichkeit gelangen; denn du bist gepriesen in alle Ewigkeit. Amen.

Κύριε ἐλέησον. *(τρίς)*
Δόξα Πατρὶ ...
Καὶ νῦν ...

Τὴν τιμιωτέραν τῶν Χερουβὶμ
καὶ ἐνδοξοτέραν ἀσυγκρίτως τῶν Σεραφίμ,
τὴν ἀδιαφθόρως Θεὸν Λόγον τεκοῦσαν,
τὴν ὄντως Θεοτόκον,
σὲ μεγαλύνομεν.

Ἐν ὀνόματι Κυρίου εὐλόγησον, Πάτερ.

Ἱερεύς
Ὁ Θεὸς οἰκτειρήσαι ἡμᾶς καὶ εὐλογήσαι ἡμᾶς·
ἐπιφάναι τὸ πρόσωπον αὐτοῦ ἐφ᾽ ἡμᾶς
καὶ ἐλεήσαι ἡμᾶς.

Ἀναγνώστης
Κύριε ἐλέησον, Κύριε ἐλέησον, Κύριε ἐλέησον·
καὶ πρέσβευε ὑπὲρ ἡμῶν Παναγία Παρθένε.

Kyrie eleison! *(dreimal)*
Ehre sei dem Vater...
jetzt und immerdar...

Du bist ehrwürdiger als die Cherubim
und unvergleichlich herrlicher als die Seraphim.
Unversehrt hast du Gott, den Logos, geboren,
wahrhaft Gottesgebärerin,
dich preisen wir hoch.

Im Namen des Herrn segne, Vater!

Priester
Gott sei barmherzig mit uns und segne uns;
er lasse leuchten sein Angesicht über uns
und erbarme sich unser!

Lektor
Kyrie eleison, Kyrie eleison, Kyrie eleison;
und bitte für uns allheilige Jungfrau!

Εὐχὴ

πρὸς τὴν ὑπεραγίαν Θεοτόκον

(Παύλου Εὐεργετηνοῦ)

Ἀναγνώστης Α΄
Ἄσπιλε, ἀμόλυντε, ἄφθορε, ἄχραντε, ἁγνὴ Παρθένε, Θεόνυμφε Δέσποινα· ἡ Θεὸν Λόγον τοῖς ἀνθρώποις τῇ παραδόξῳ σου κυήσει ἑνώσασα, καὶ τὴν ἀπωσθεῖσαν φύσιν τοῦ γένους ἡμῶν τοῖς οὐρανίοις συνάψασα· ἡ τῶν ἀπηλπισμένων μόνη ἐλπίς, καὶ τῶν πολεμουμένων βοήθεια· ἡ ἑτοίμη ἀντίληψις τῶν εἰς σὲ προστρεχόντων καὶ πάντων τῶν Χριστιανῶν τὸ καταφύγιον· μὴ βδελύξῃ με τὸν ἁμαρτωλόν, τὸν ἐναναγῆ, τὸν αἰσχροῖς λογισμοῖς καὶ λόγοις καὶ πράξεσιν ὅλον ἐμαυτὸν ἀχρειώσαντα, καὶ τῇ τῶν ἡδονῶν τοῦ βίου ῥαθυμίᾳ γνώμῃ δοῦλον γενόμενον· ἀλλ᾽ ὡς τοῦ φιλανθρώπου Θεοῦ μήτηρ, φιλανθρώπως σπλαγχνίσθητι ἐπ᾽ ἐμοὶ τῷ ἁμαρτωλῷ καὶ ἀσώτῳ, καὶ δέξαι μου τὴν ἐκ ῥυπαρῶν χειλέων προσφερομένην σοι δέησιν.

Καὶ τὸν σὸν Υἱόν, καὶ ἡμῶν Δεσπότην καὶ Κύριον, τῇ μητρικῇ σου παρρησίᾳ χρωμένη δυσώπησον, ἵνα ἀνοίξῃ κἀμοὶ τὰ φιλάνθρωπα σπλάγχνα τῆς αὐτοῦ ἀγαθότητος· καὶ παριδὼν μου τὰ ἀναρίθμητα πταίσματα, ἐπιστρέψῃ με πρὸς μετάνοιαν καὶ τῶν αὐτοῦ ἐντολῶν ἐργάτην δόκιμον ἀναδείξῃ με. Καὶ πάρεσό μοι ἀεί, ὡς ἐλεήμων καὶ συμπαθὴς καὶ φιλάγαθος· ἐν μὲν τῷ παρόντι βίῳ θερμὴ προστάτις καὶ βοηθός, τὰς τῶν ἐναντίων ἐφόδους ἀποτειχίζουσα καὶ πρὸς σωτηρίαν καθοδηγοῦσά με· καὶ ἐν τῷ καιρῷ τῆς

Gebet

zur Hochheiligen Gottesgebärerin

(von Paulos Euergetinos)

Lektor 1
Unbefleckte, unberührte, unversehrte, makellose, reine Jungfrau, Gottesbraut, Gebieterin, die du Gott, den Logos, den Menschen durch dein wunderbares Gebären geeinigt und die abgefallene Natur unseres Geschlechtes den Himmlischen verbunden hast; du einzige Hoffnung der Hoffnungslosen und Hilfe der Bedrängten, bereitwillige Schützerin der zu dir Eilenden und Zuflucht aller Christen, verabscheue nicht mich, den Sünder, den Schuldvollen, der mit schändlichen Gedanken, Worten und Taten sich ganz unnütz gemacht hat und durch Nachlässigkeit in den Lüsten des Lebens wissentlich ein Sklave geworden ist; sondern als die Mutter des menschenliebenden Gottes erbarme dich menschenliebend über mich Sünder und Zügellosen und nimm an mein von unreinen Lippen dir dargebrachtes Flehen.

Bewege auch durch deine mütterliche Fürsprache deinen Sohn und unseren Gebieter und Herrn, daß er auch mir das menschenliebende Herz seiner Güte öffne und, indem er meine unzähligen Fehler nachsieht, mich zur Buße bekehrt und als würdigen Arbeiter seiner Gebote erweist. Und begleite mich stets als barmherzige, mitleidige und gütige; in diesem Leben glühende Schützerin und Helferin, indem du die Angriffe der Widersacher abwehrst und mich zur Rettung führst; und in der Zeit meines Hinscheidens bewahre

ἐξόδου μου τὴν ἀθλίαν μου ψυχὴν περιέπουσα καὶ τὰς σκοτεινὰς ὄψεις τῶν πονηρῶν δαιμόνων πόρρω αὐτῆς ἀπελαύνουσα· ἐν δὲ τῇ φοβερᾷ ἡμέρᾳ τῆς κρίσεως, τῆς αἰωνίου με ῥυομένη κολάσεως καὶ τῆς ἀπορρήτου δόξης τοῦ σοῦ Υἱοῦ καὶ Θεοῦ ἡμῶν κληρονόμον με ἀποδεικνύουσα.

Ἧς καὶ τύχοιμι, Δέσποινά μου, ὑπεραγία Θεοτόκε, διὰ τῆς σῆς μεσιτείας καὶ ἀντιλήψεως, χάριτι καὶ φιλανθρωπίᾳ τοῦ μονογενοῦς σου Υἱοῦ, τοῦ Κυρίου καὶ Θεοῦ καὶ Σωτῆρος ἡμῶν Ἰησοῦ Χριστοῦ. Ὧ πρέπει πᾶσα δόξα, τιμὴ καὶ προσκύνησις, σὺν τῷ ἀνάρχῳ αὐτοῦ Πατρὶ καὶ τῷ παναγίῳ καὶ ἀγαθῷ καὶ ζωοποιῷ αὐτοῦ Πνεύματι, νῦν καὶ ἀεὶ καὶ εἰς τοὺς αἰῶνας τῶν αἰώνων. Ἀμήν.

Εὐχὴ

πρὸς τὸν Κύριον ἡμῶν Ἰησοῦν Χριστόν

(Ἀντιόχου Πανδέκτου)

Ἀναγνώστης Β΄
Καὶ δὸς ἡμῖν, Δέσποτα, πρὸς ὕπνον ἀπιοῦσιν, ἀνάπαυσιν σώματος καὶ ψυχῆς· καὶ διαφύλαξον ἡμᾶς ἀπὸ τοῦ ζοφεροῦ ὕπνου τῆς ἁμαρτίας καὶ ἀπὸ πάσης σκοτεινῆς καὶ νυκτερινῆς ἡδυπαθείας. Παῦσον τὰς ὁρμὰς τῶν παθῶν, σβέσον τὰ πεπυρωμένα βέλη τοῦ πονηροῦ, τὰ καθ᾽ ἡμῶν δολίως κινούμενα· τὰς τῆς σαρκὸς ἡμῶν ἐπαναστάσεις κατάστειλον καὶ πᾶν γεῶδες καὶ ὑλικὸν ἡμῶν φρόνημα κοίμισον. Καὶ δώρησαι ἡμῖν, ὁ Θεὸς, γρήγορον νοῦν, σώφρονα λογισμόν, καρδίαν νήφουσαν,

meine elende Seele und vertreibe fern von ihr die finsteren Anblicke der bösen Dämonen; am fruchtbaren Tag des Gerichtes aber entreiße mich der ewigen Strafe und erweise mich als Erben der unaussprechlichen Herrlichkeit deines Sohnes und unseres Gottes.

Dies möge ich erlangen, meine Gebieterin, hochheilige Gottesgebärerin, kraft deines Beistandes und deiner Hilfe, durch die Gnade und Menschenliebe deines einziggeborenen Sohnes, unseres Herrn und Gottes und Heilandes Jesus Christus. Ihm gebührt aller Ruhm, alle Ehre und Anbetung, mit seinem anfanglosen Vater und seinem allheiligen und gütigen und lebenschaffenden Geist, jetzt und immerdar und in alle Ewigkeit. Amen.

Gebet

zu unserem Herrn Jesus Christus

(von Antiochos Pantektes)

Lektor 2
Nun gib uns, Gebieter, die wir schlafen gehen, die Ruhe des Leibes und der Seele und bewahre uns vor dem finsteren Schlaf der Sünde und vor aller dunklen und nächtlichen Wollust. Stille die Angriffe der Leidenschaften, lösche die feurigen Pfeile des Bösen, die listig gegen uns gerichtet werden; unterdrücke den Aufruhr unseres Fleisches und bezähme all unsere irdischen und materiellen Gedanken. Und schenke uns, o Gott, einen wachen Geist, einen

ὕπνον ἐλαφρόν, καὶ πάσης σατανικῆς φαντασίας ἀπηλλαγμένον. Διανάστησον δὲ ἡμᾶς ἐν τῷ καιρῷ τῆς προσευχῆς ἐστηριγμένους ἐν ταῖς ἐντολαῖς σου, καὶ τὴν μνήμην τῶν σῶν κριμάτων ἐν ἑαυτοῖς ἀπαράθραυστον ἔχοντας. Παννύχιον ἡμῖν τὴν σὴν δοξολογίαν χάρισαι, εἰς τὸ ὑμνεῖν καὶ εὐλογεῖν, καὶ δοξάζειν τὸ πάντιμον καὶ μεγαλοπρεπὲς ὄνομά σου, τοῦ Πατρὸς καὶ τοῦ Υἱοῦ καὶ τοῦ Ἁγίου Πνεύματος, νῦν καὶ ἀεὶ καὶ εἰς τοὺς αἰῶνας τῶν αἰώνων. Ἀμήν.

Εὐχή

Ἀναγνώστης Αʹ
Ὑπερένδοξε, ἀειπάρθενε, εὐλογημένη Θεοτόκε, προσάγαγε τὴν ἡμετέραν προσευχὴν τῷ Υἱῷ σου καὶ Θεῷ ἡμῶν καὶ αἴτησαι, ἵνα σώσῃ διὰ σοῦ τὰς ψυχὰς ἡμῶν.

Εὐχή

τοῦ ἁγίου Ἰωαννικίου

Ἀναγνώστης Βʹ
Ἡ ἐλπίς μου ὁ Πατήρ, καταφυγή μου ὁ Υἱός, σκέπη μου τὸ Πνεῦμα τὸ Ἅγιον· Τριὰς Ἁγία, δόξα σοι.

besonnenen Verstand, ein nüchternes Herz, einen leichten Schlaf, frei von aller teuflischen Vorstellung. Wecke uns zur Zeit des Gebetes, gestärkt in deinen Geboten und in ungebrochener Erinnerung an deine Gerichte. Gewähre uns ganznächtlich deine Verherrlichung, auf daß wir preisen und loben und verherrlichen deinen allgeehrten und erhabenen Namen, des Vaters und des Sohnes und des Heiligen Geistes, jetzt und immerdar und in alle Ewigkeit. Amen.

Gebet

Lektor 1
Über alles Ruhmreiche, Immerjungfrau, gesegnete Gottesgebärerin, bring unser Gebet vor deinen Sohn und unseren Gott und bitte, daß er durch dich unsere Seelen rettet.

Gebet

des heiligen Ioannikios

Lektor 2
Meine Hoffnung ist der Vater, meine Zuflucht der Sohn, mein Schutz der Heilige Geist. Heilige Dreieinigkeit, Ehre sei dir!

Εὐχή

Ἀναγνώστης Α΄
Τὴν πᾶσαν ἐλπίδα μου εἰς σὲ ἀνατίθημι, Μῆτερ τοῦ Θεοῦ, φύλαξόν με ὑπὸ τὴν σκέπην σου.

Εὐαγγέλιον (Ἰωάν. 15, 1-7)

(Μόνον κατὰ τὴν α΄ ἑβδομάδα τῶν Νηστειῶν)

Ἱερεύς
Καὶ ὑπὲρ τοῦ καταξιωθῆναι ἡμᾶς τῆς ἀκροάσεως τοῦ ἁγίου Εὐαγγελίου, Κύριον τὸν Θεὸν ἡμῶν ἱκετεύσωμεν.

Χορός
Κύριε ἐλέησον. *(τρίς)*

Ἱερεύς
Σοφία ὀρθοί·
ἀκούσωμεν τοῦ ἁγίου Εὐαγγελίου.

Εἰρήνη πᾶσι.

Χορός
Καὶ τῷ πνεύματί σου.

Ἱερεύς
Ἐκ τοῦ κατὰ Ἰωάννην ἁγίου Εὐαγγελίου τὸ ἀνάγνωσμα.

Πρόσχωμεν.

Gebet

Lektor 1
All meine Hoffnung stütze ich auf dich, Muttergottes,
bewahre mich unter deinem Schutz!

Evangelium (Joh 15,1-7)

(nur in der ersten Fastenwoche)

Priester
Laßt uns auch den Herrn, unseren Gott, anflehen,
uns zu würdigen, das heilige Evangelium zu hören.

Chor
Kyrie eleison! *(dreimal)*

Priester
Weisheit! Steht aufrecht!
Laßt uns das heilige Evangelium hören!

Friede sei mit euch allen!

Chor
Und mit deinem Geist!

Priester
Lesung aus dem heiligen Evangelium nach Johannes.

Laßt uns achtgeben!

Χορός
Δόξα σοι Κύριε, δόξα σοι.

Ἱερεύς
Εἶπεν ὁ Κύριος τοῖς ἑαυτοῦ μαθηταῖς. Ἐγώ εἰμι ἡ ἄμπελος ἡ ἀληθινή, καὶ ὁ πατήρ μου ὁ γεωργός ἐστι. Πᾶν κλῆμα ἐν ἐμοὶ μὴ φέρον καρπόν, αἴρει αὐτό. Καὶ πᾶν τὸ καρπὸν φέρον καθαίρει αὐτό, ἵνα πλείονα καρπὸν φέρῃ. Ἤδη ὑμεῖς καθαροί ἐστε διὰ τὸν λόγον, ὃν λελάληκα ὑμῖν. Μείνατε ἐν ἐμοί, κἀγὼ ἐν ὑμῖν. Καθὼς τὸ κλῆμα οὐ δύναται καρπὸν φέρειν ἀφ' ἑαυτοῦ, ἐὰν μὴ μείνῃ ἐν τῇ ἀμπέλῳ, οὕτως οὐδὲ ὑμεῖς, ἐὰν μὴ ἐν ἐμοὶ μείνητε. Ἐγώ εἰμι ἡ ἄμπελος, ὑμεῖς τὰ κλήματα. Ὁ μένων ἐν ἐμοὶ κἀγὼ ἐν αὐτῷ, οὗτος φέρει καρπὸν πολύν· ὅτι χωρὶς ἐμοῦ οὐ δύνασθε ποιεῖν οὐδέν. Ἐὰν μή τις μείνῃ ἐν ἐμοί, ἐβλήθη ἔξω ὡς τὸ κλῆμα καὶ ἐξηράνθη, καὶ συνάγουσιν αὐτὰ καὶ εἰς πῦρ βάλλουσι καὶ καίεται. Ἐὰν μείνητε ἐν ἐμοί, καὶ τὰ ῥήματά μου ἐν ὑμῖν μείνῃ, ὃ ἐὰν θέλητε αἰτήσεσθε καὶ γενήσεται ὑμῖν.

Χορός
Δόξα σοι, Κύριε, δόξα σοι.

Ἱερεύς
Δόξα σοι, ὁ Θεός, ἡ ἐλπὶς ἡμῶν δόξα σοι.

Χριστὸς ὁ ἀληθινὸς Θεὸς ἡμῶν, ταῖς πρεσβείαις τῆς παναχράντου αὐτοῦ μητρός, τῶν ἁγίων ἐνδόξων καὶ πανευφήμων Ἀποστόλων, τοῦ ἁγίου ... (τοῦ Ναοῦ), τοῦ ἁγίου (δεῖνος), οὗ καὶ τὴν μνήμην ἐπιτελοῦμεν καὶ πάντων τῶν ἁγίων, ἐλεήσαι καὶ σώσαι ἡμᾶς, ὡς ἀγαθὸς

Chor
Ehre sei dir, o Herr, Ehre sei dir!

Priester
Der Herr sprach zu seinen Jüngern: Ich bin der wahre Weinstock, und mein Vater ist der Weinbauer. Jede Rebe an mir, die keine Frucht bringt, schneidet er ab, und jede, die Frucht bringt, reinigt er, damit sie mehr Frucht bringt. Ihr seid schon rein durch das Wort, das ich zu euch gesprochen habe. Bleibt in mir, dann bleibe ich in euch. Wie die Rebe keine Frucht bringen kann aus sich selbst, wenn sie nicht am Weinstock bleibt, so auch ihr nicht, wenn ihr nicht in mir bleibt. Ich bin der Weinstock, ihr seid die Reben. Wer in mir bleibt und ich in ihm, der bringt viel Frucht; denn ohne mich könnt ihr nichts tun. Wer nicht in mir bleibt, wird wie die Rebe weggeworfen, und er verdorrt, und man sammelt die Reben und wirft sie ins Feuer, und sie verbrennen. Wenn ihr in mir bleibt und meine Worte in euch bleiben, werdet ihr bitten, was ihr wollt, und es wird euch erfüllt.

Chor
Ehre sei dir, o Herr, Ehre sei dir!

Priester
Ehre sei dir, Gott, unsere Hoffnung, Ehre sei dir!

Christus, unser wahrhaftiger Gott, möge durch die Fürbitten seiner ganz makellosen Mutter, der heiligen, ruhmreichen und hochgerühmten Apostel, des heiligen N.N. (dem die Kirche geweiht ist), des heiligen N.N., dessen Gedächtnis wir auch feiern, und aller Heiligen sich unser erbarmen und

καὶ φιλάνθρωπος καὶ ἐλεήμων Θεός.

Εὐξώμεθα ὑπὲρ εἰρήνης τοῦ κόσμου.

Χορός
Κύριε ἐλέησον.

Ἱερεύς
Ὑπὲρ τῶν εὐσεβῶν καὶ ὀρθοδόξων Χριστιανῶν.

Ὑπὲρ τοῦ Ἀρχιεπισκόπου ἡμῶν (δεῖνος) καὶ πάσης τῆς ἐν Χριστῷ ἡμῶν Ἀδελφότητος.

Ὑπὲρ εὐοδώσεως καὶ ἐνισχύσεως τοῦ φιλοχρίστου στρατοῦ.

Ὑπὲρ τῶν ἀπολειφθέντων πατέρων καὶ ἀδελφῶν ἡμῶν.

Ὑπὲρ τῶν διακονούντων καὶ διακονησάντων ἡμῖν.

Ὑπὲρ τῶν μισούντων καὶ ἀγαπώντων ἡμᾶς.

Ὑπὲρ τῶν ἐντειλαμένων ἡμῖν τοῖς ἀναξίοις εὔχεσθαι ὑπὲρ αὐτῶν.

Ὑπὲρ ἀναρρύσεως τῶν αἰχμαλώτων.

Ὑπὲρ τῶν ἐν θαλάσσῃ καλῶς πλεόντων.

Ὑπὲρ τῶν ἐν ἀσθενείαις κατακειμένων.

Εὐξώμεθα καὶ ὑπὲρ εὐφορίας τῶν καρπῶν τῆς γῆς.

uns retten, denn er ist ein gütiger und menschenliebender Gott.

Laßt uns für den Frieden der Welt bitten!

Chor
Kyrie eleison!

Priester
Für die frommen und orthodoxen Christen.

Für unseren Erzbischof N.N. und für unsere ganze Bruderschaft in Christus.

Für die Wohlfahrt und Stärkung unseres christusliebenden Heeres.

Für unsere hingeschiedenen Väter und Brüder.

Für diejenigen, die uns dienen und gedient haben.

Für diejenigen, die uns hassen und lieben.

Für diejenigen, die uns Unwürdigen aufgetragen haben, für sie zu bitten.

Für die Befreiung der Gefangenen.

Für gute Fahrt der Seereisenden.

Für die krank Darniederliegenden.

Laßt uns auch um reiche Ernte bitten.

Καὶ ὑπὲρ πάντων τῶν προαναπαυσαμένων πατέρων καὶ ἀδελφῶν ἡμῶν, τῶν ἐνθάδε εὐσεβῶς κειμένων, καὶ ἁπανταχοῦ Ὀρθοδόξων.

Εἴπωμεν καὶ ὑπὲρ ἑαυτῶν, τὸ Κύριε ἐλέησον,
Κύριε ἐλέησον, Κύριε ἐλέησον.

Θεοτοκίον - Ἦχος γ΄

Χορός
**Τὴν ὡραιότητα
τῆς παρθενίας σου
καὶ τὸ ὑπέρλαμπρον
τὸ τῆς ἁγνείας σου
ὁ Γαβριὴλ καταπλαγείς,
ἐβόα σοι, Θεοτόκε.
«Ποῖόν σοι ἐγκώμιον
προσαγάγω ἐπάξιον·
τί δὲ ὀνομάσω σε;
ἀπορῶ καὶ ἐξίσταμαι·
διό, ὡς προσετάγην, βοῶ σοι·
Χαῖρε, ἡ Κεχαριτωμένη. »**

Ἱερεύς
Δι' εὐχῶν τῶν ἁγίων Πατέρων ἡμῶν,
Κύριε Ἰησοῦ Χριστέ, ὁ Θεὸς ἡμῶν,
ἐλέησον καὶ σῶσον ἡμᾶς.

Χορός
Ἀμήν.

Auch für alle unsere Väter und Brüder, die vor uns
entschlafen sind, für die Orthodoxen,
die hier und allerorten ruhen.

Laßt uns auch für uns sprechen: Kyrie eleison,
Kyrie eleison, Kyrie eleison!

Theotokion - 3. Ton

Chor
Durch die Schönheit
deiner Jungfräulichkeit
und den Glanz
deiner Reinheit
erschreckt,
rief Gabriel dir, Gottesgebärerin, zu:
„Welches würdige Lobgedicht
soll ich dir darbringen?
Was soll ich dich nennen?
Verzage und erschauere ich.
So rufe ich auftragsgemäß dir zu:
Sei gegrüßt, du Begnadete!"

Priester
Auf die Fürbitten unserer heiligen Väter, Herr,
Jesus Christus, unser Gott, erbarme dich unser
und rette uns!

Chor
Amen.

Β΄

ΤΗι ΠΑΡΑΣΚΕΥΗι

ΤΗΣ Β΄ ΕΒΔΟΜΑΔΟΣ ΤΩΝ ΝΗΣΤΕΙΩΝ

ΤΟ ΜΙΚΡΟΝ ΑΠΟΔΕΙΠΝΟΝ (Σ. 2-24)

Ο ΚΑΝΩΝ (Σ. 28-66)

Στάσις Β΄

Οἶκος Η΄

Ἱερεύς
Ἤκουσαν οἱ ποιμένες
τῶν ἀγγέλων ὑμνούντων
τὴν ἔνσαρκον Χριστοῦ παρουσίαν·
καὶ δραμόντες ὡς πρὸς ποιμένα
θεωροῦσι τοῦτον ὡς ἀμνὸν ἄμωμον
ἐν τῇ γαστρὶ Μαρίας βοσκηθέντα,
ἥν ὑμνοῦντες εἶπον·

«Χαῖρε, ἀμνοῦ καὶ ποιμένος μήτηρ·
χαῖρε, αὐλὴ λογικῶν προβάτων·

χαῖρε, ἀοράτων θηρῶν ἀμυντήριον·
χαῖρε, παραδείσου θυρῶν ἀνοικτήριον·

B.

AM FREITAG
DER ZWEITEN FASTENWOCHE

DAS KLEINE APODEIPNON (S. 3-25)

DER KANON (S. 29-67)

2. Stanze

7. Oikos

Priester
Es hörten die Hirten
die Engel besingen
die Ankunft Christi im Fleisch;
und als sie zu ihm wie zu einem Hirten eilten,
sahen sie ihn als tadelloses Lamm,
im Schoß Mariens geweidet,
die sie priesen:

„Sei gegrüßt, des Lammes und Hirten Mutter;
sei gegrüßt, Hürde geistiger Schafe.

Sei gegrüßt, Schutzwehr gegen unsichtbare Raubtiere;
sei gegrüßt, Schlüssel der Paradiespforten.

χαῖρε, ὅτι τὰ οὐράνια συναγάλλονται τῇ γῇ·
χαῖρε, ὅτι τὰ ἐπίγεια συγχορεύουσι οὐρανοῖς·

χαῖρε, τῶν ἀποστόλων τὸ ἀσίγητον στόμα·
χαῖρε, τῶν ἀθλοφόρων τὸ ἀνίκητον θάρσος·

χαῖρε, στερρὸν τῆς πίστεως ἔρεισμα·
χαῖρε, λαμπρὸν τῆς χάριτος γνώρισμα·

χαῖρε, δι' ἧς ἐγυμνώθη ὁ Ἅδης·
χαῖρε, δι' ἧς ἐνεδύθημεν δόξαν·

χαῖρε, νύμφη ἀνύμφευτε. »

Χορός
Χαῖρε, νύμφη ἀνύμφευτε.

Οἶκος Θ'

Ἱερεύς
Θεοδρόμον ἀστέρα
θεωρήσαντες μάγοι
τῇ τούτου ἠκολούθησαν αἴγλῃ
καὶ ὡς λύχνον κρατοῦντες αὐτόν,
δι' αὐτοῦ ἠρεύνων κραταιὸν ἄνακτα·
καὶ φθάσαντες τὸν ἄφθαστον
ἐχάρησαν αὐτῷ βοῶντες·

Sei gegrüßt, da die Himmlischen mit der Erde
　　frohlocken;
sei gegrüßt, da die Irdischen mit dem Himmel tanzen.

Sei gegrüßt, der Apostel nie verstummender Mund;
sei gegrüßt, der Kämpfenden unbesiegbarer Mut.

Sei gegrüßt, des Glaubens starke Stütze;
sei gegrüßt, der Gnade strahlendes Kennzeichen.

Sei gegrüßt, durch dich wurde entblößt der Hades;
sei gegrüßt, durch dich wurden wir bekleidet mit
　　Herrlichkeit.

Sei gegrüßt, unvermählt Vermählte!"

Chor
Sei gegrüßt, unvermählt Vermählte!

8. Oikos

Priester
Als die Magier
den zu Gott eilenden Stern schauten,
folgten sie seinem Glanz;
und wie eine Fackel hielten sie ihn fest
und suchten mit ihm den mächtigen Herrscher;
und als sie den Unerreichbaren erreichten,
freuten sie sich und riefen ihm zu:

«Ἀλληλούϊα.»

Χορός
Ἀλληλούϊα.

Οἶκος Ι´

Ἱερεύς
Ἴδον παῖδες Χαλδαίων
ἐν χερσὶ τῆς παρθένου
τὸν πλάσαντα χειρὶ τοὺς ἀνθρώπους·
καὶ δεσπότην νοοῦντες αὐτόν,
εἰ καὶ δούλου ἔλαβε μορφήν,
ἔσπευσαν τοῖς δώροις θεραπεῦσαι
καὶ βοῆσαι τῇ εὐλογημένῃ·

«Χαῖρε, ἀστέρος ἀδύτου μήτηρ·
χαῖρε, αὐγὴ μυστικῆς ἡμέρας·

χαῖρε, τῆς ἀπάτης τὴν κάμινον σβέσασα·
χαῖρε, τῆς Τριάδος τοὺς μύστας φυλάττουσα·

χαῖρε, τύραννον ἀπάνθρωπον ἐκβαλοῦσα τῆς ἀρχῆς·
χαῖρε, Κύριον φιλάνθρωπον ἐπιδείξασα Χριστόν·

χαῖρε, ἡ τῆς βαρβάρου λυτρουμένη θρησκείας·
χαῖρε, ἡ τοῦ βορβόρου ῥυομένη τῶν ἔργων·

„Alleluja!"

Chor
Alleluja!

9. Oikos

Priester
Die Söhne der Chaldäer sahen
in den Händen der Jungfrau
den, der mit seiner Hand die Menschen schuf;
und da sie ihn als den Gebieter erkannten,
auch wenn er eines Knechtes Gestalt annahm,
eilten sie, ihn mit Geschenken zu ehren
und der Gesegneten zuzurufen:

„Sei gegrüßt, des nicht erlöschenden Sternes Mutter;
sei gegrüßt, des mystischen Tages Morgenstrahl.

Sei gegrüßt, den Feuerofen des Trugs hast du gelöscht;
sei gegrüßt, du behütest die Eingeweihte in die
    Dreieinigkeit.

Sei gegrüßt, den unmenschlichen Tyrannen hast du aus
    seiner Herrschaft vertrieben;
sei gegrüßt, als menschenliebenden Herrn hast du
    Christus kundgetan.

Sei gegrüßt, Befreierin von barbarischem Aberglauben;
sei gegrüßt, Retterin aus schändlichen Werken.

χαῖρε, πυρὸς προσκύνησιν παύσασα
χαῖρε, φλογὸς παθῶν ἀπαλλάττουσα·

χαῖρε, Περσῶν ὁδηγὲ σωφροσύνης·
χαῖρε, πασῶν γενεῶν εὐφροσύνη·

χαῖρε, νύμφη ἀνύμφευτε. »

Χορός
Χαῖρε, νύμφη ἀνύμφευτε.

Οἶκος Κ΄

Ἱερεύς
Κήρυκες θεοφόροι
γεγονότες οἱ μάγοι,
ὑπέστρεψαν εἰς τὴν Βαβυλῶνα,
ἐκτελέσαντές σου τὸν χρησμὸν
καὶ κηρύξαντές σε τὸν Χριστὸν ἅπασιν,
ἀφέντες τὸν Ἡρώδην ὡς ληρώδη,
μὴ εἰδότα ψάλλειν·

«Ἀλληλούϊα. »

Χορός
Ἀλληλούϊα.

Sei gegrüßt, die Anbetung des Feuers hast du
  ausgelöscht;
sei gegrüßt, von der Glut der Leidenschaften
  befreist du.

Sei gegrüßt, Wegweiserin der Besonnenheit der Perser;
sei gegrüßt, Frohsinn aller Geschlechter.

Sei gegrüßt, unvermählt Vermählte!"

Chor
Sei gegrüßt, unvermählt Vermählte!

10. Oikos

Priester
Gotterfüllte Herolde
geworden die Magier,
kehrten sie nach Babylon zurück;
so erfüllten sie deine Weissagung
und verkündeten dich, Christus, allen,
Herodes mieden sie als Schwätzer,
der nicht zu singen wußte:

„Alleluja!"

Chor
Alleluja!

Οἶκος Λ´

Ἱερεύς
Λάμψας ἐν τῇ Αἰγύπτῳ
φωτισμὸν ἀληθείας
ἐδίωξας τοῦ ψεύδους τὸ σκότος·
τὰ γὰρ εἴδωλα ταύτης, σωτήρ,
μὴ ἐνέγκαντά σου τὴν ἰσχὺν πέπτωκεν·
οἱ τούτων δὲ ῥυσθέντες
ἀνεβόων πρὸς τὴν Θεοτόκον·

«Χαῖρε, ἀνόρθωσις τῶν ἀνθρώπων·
χαῖρε, κατάπτωσις τῶν δαιμόνων·

χαῖρε, τῆς ἀπάτης τὴν πλάνην πατήσασα·
χαῖρε„ τῶν εἰδώλων τὸν δόλον ἐλέγξασα·

χαῖρε, θάλασσα ποντίσασα Φαραὼ τὸν νοητόν·
χαῖρε, πέτρα ἡ ποτίσασα τοὺς διψῶντες τὴν ζωήν·

χαῖρε, πύρινε στύλε ὁδηγῶν τοὺς ἐν σκότει·
χαῖρε, σκέπη τοῦ κόσμου πλατυτέρα νεφέλης·

χαῖρε, τροφὴ τοῦ μάννα διάδοχε·
χαῖρε, τρυφῆς ἁγίας διάκονε·

χαῖρε, ἡ γῆ τῆς ἐπαγγελίας·
χαῖρε, ἐξ ἧς ῥέει μέλι καὶ γάλα·

χαῖρε, νύμφη ἀνύμφευτε.»

Χορός
Χαῖρε, νύμφη ἀνύμφευτε.

11. Oikos

Priester
Als du in Ägypten erstrahlen ließt
der Wahrheit Erleuchtung,
vertriebst du die Finsternis der Lüge;
denn ihre Götzenbilder, Heiland,
ertrugen deine Stärke nicht und stürzten;
die von diesen Geretteten jedoch
riefen der Gottesgebärerin zu:

Sei gegrüßt, Aufrichtung der Menschen;
sei gegrüßt, Niederwerfung der Dämonen.

Sei gegrüßt, den Irrtum des Trugs hast du zertreten;
sei gegrüßt, der Götzenbilder Tücke hast du widerlegt.

Sei gegrüßt, Meer, das den geistigen Pharao ertränkte;
sei gegrüßt, Fels, der die nach Leben Dürstenden tränkte.

Sei gegrüßt, Feuersäule, die du in der Finsternis leitest;
sei gegrüßt, Schirm der Welt, breiter als eine Wolke.

Sei gegrüßt, Nahrung, die das Manna ablöst;
sei gegrüßt, Dienerin heiliger Verzückung.

Sei gegrüßt, Land der Verheißung;
sei gegrüßt, aus dir fließt Honig und Milch.

Sei gegrüßt, unvermählt Vermählte!"

Chor
Sei gegrüßt, unvermählt Vermählte.

Οἶκος Μ΄

Ἱερεύς
Μέλλοντος Συμεῶνος
τοῦ παρόντος αἰῶνος
μεθίστασθαι τοῦ ἀπατεῶνος,
ἐπεδόθης ὡς βρέφος αὐτῷ,
ἀλλ' ἐγνώσθης τούτῳ καὶ Θεὸς τέλειος·
διόπερ ἐξεπλάγη σου
τὴν ἄρρητον σοφίαν κράζων·

«Ἀλληλούϊα.»

Χορός
Ἀλληλούϊα.

Τῇ ὑπερμάχῳ στρατηγῷ ... (Σ. 66)

Ἀναγνώστης
Ἅγιος ὁ Θεός, ...

(ἕως «Πάτερ ἡμῶν ...», Σ. 2-4)

Ἱερεύς
«Ὅτι σοῦ ἐστιν ἡ βασιλεία ...» (Σ. 4)

Κοντάκιον

Ἀναγνώστης
Ὡς ἀπαρχὰς τῆς φύσεως ...

(καὶ ἑξῆς ὅπως Σ. 84-100).

12. Oikos

Priester
Als Simeon sich anschickte,
das jetzige Zeitalter,
das trügerische zu verlassen,
wurdest du ihm als Säugling gereicht
und doch von ihm als vollkommener Gott erkannt;
so erstaunte ihn deine unaussprechliche Weisheit,
und er jubelte dir zu:

„Alleluja!"

Chor
Alleluja!

Der unbesiegbaren Heerführerin ... (S. 67)

Lektor
Heiliger Gott...

(bis „Vater unser...", S. 3-5)

Priester
Denn dein ist das Reich... (S. 5)

Kontakion

Lektor
Als Erstlingsfrucht der Natur...

(Weiter wie S. 85-101)

Γ´

ΤΗι ΠΑΡΑΣΚΕΥΗι

ΤΗΣ Γ´ ΕΒΔΟΜΑΔΟΣ ΤΩΝ ΝΗΣΤΕΙΩΝ

ΤΟ ΜΙΚΡΟΝ ΑΠΟΔΕΙΠΝΟΝ (Σ. 2-24)

Ο ΚΑΝΩΝ (Σ. 28-66)

Στάσις Γ´

Οἶκος Ν´

Ἱερεύς
Νέαν ἔδειξε κτίσιν
ἐμφανίσας ὁ κτίστης
ἡμῖν τοῖς ὑπ᾽ αὐτοῦ γενομένοις,
ἐξ ἀσπόρου βλαστήσας γαστρὸς
καὶ φυλάξας ταύτην, ὥσπερ ἦν, ἄφθορον,
ἵνα τὸ θαῦμα βλέποντες
ὑμνήσωμεν αὐτὴν βοῶντες·

«Χαῖρε, τὸ ἄνθος τῆς ἀφθαρσίας·
χαῖρε, τὸ στέμμα τῆς ἐγκρατείας·

χαῖρε, ἀναστάσεως τύπον ἐκλάμπουσα·
χαῖρε, τῶν ἀγγέλων τὸν βίον ἐμφαίνουσα·

C.

AM FREITAG

DER DRITTEN FASTENWOCHE

DAS KLEINE APODEIPNON (S. 3-25)

DER KANON (S. 29-67)

3. Stanze

13. Oikos

Priester
Eine neue Schöpfung
zeigte der Schöpfer,
als er uns erschien, den von ihm Geschaffenen;
da er aus dem Mutterschoß ungezeugt hervor-
    gesprossen war
und sie so bewahrte, wie sie war, unversehrt,
auf daß wir das Wunder schauend
sie mit dem Ruf preisen:

„Sei gegrüßt, Blüte der Unversehrtheit;
sei gegrüßt, Siegeskranz der Enthaltsamkeit.

Sei gegrüßt, das Ebenbild der Auferstehung
    strahlst du aus;
sei gegrüßt, das Leben der Engel weist du auf.

χαῖρε, δένδρον ἀγλαόκαρπον ἐξ οὗ τρέφονται πιστοί·
χαῖρε, ξύλον εὐσκιόφυλλον, ὑφ' οὗ σκέπονται πολλοί·

χαῖρε, κυοφοροῦσα λυτρωτὴν αἰχμαλώτοις·
χαῖρε, ἀπογεννῶσα ὁδηγὸν πλανωμένοις·

χαῖρε, κριτοῦ δικαίου δυσώπησις·
χαῖρε, πολλῶν πταισμάτων συγχώρησις·

χαῖρε, στολὴ τῶν γυμνῶν παρρησίας·
χαῖρε, στοργὴ πάντα πόθον νικῶσα

χαῖρε, νύμφη ἀνύμφευτε. »

Χορός
Χαῖρε, νύμφη ἀνύμφευτε·

Οἶκος Ξ'

Ἱερεύς
Ξένον τόκον ἰδόντες
ξενωθῶμεν τοῦ κόσμου,
τὸν νοῦν εἰς οὐρανοὺς μεταθέντες·
διὰ τοῦτο γὰρ ὁ Ὑψηλὸς
ἐπὶ γῆς ἐφάνη ταπεινὸς ἄνθρωπος,
βουλόμενος ἑλκύσαι πρὸς τὸ ὕψος
τοὺς αὐτῷ βοῶντας·

Sei gegrüßt, Baum mit edler Frucht, von dem sich die
  Gläubigen ernähren;
sei gegrüßt, Gehölz mit schattenreichem Laub, unter dem
  viele Schutz finden.

Sei gegrüßt, im Schoß trägst du den Befreier der
  Gefangenen;
sei gegrüßt, den Irrenden gebärst du den Weggeleiter.

Sei gegrüßt, des gerechten Richters Besänftigung;
sei gegrüßt, vieler Verfehlungen Verzeihung.

Sei gegrüßt, Gewand der Fürsprache der Entblößten;
sei gegrüßt, Fürsorge, die alle Sehnsucht übertrifft.

Sei gegrüßt, unvermählt Vermählte!"

Chor
Sei gegrüßt, unvermählt Vermählte!

14. Oikos

Priester
Da wir eine fremdartige Geburt geschaut haben,
laßt uns der Welt fremd werden,
den Geist zum Himmel erhebend;
denn deshalb ist der Höchste
auf Erden erschienen als demütiger Mensch,
da er in die Höhe emporziehen wollte jene,
die ihm zurufen:

«Ἀλληλούϊα.»

Χορός
Ἀλληλούϊα.

Οἶκος Ο´

Ἱερεύς
Ὅλος ἦν ἐν τοῖς κάτω
καὶ τῶν ἄνω οὐδ᾽ ὅλως ἀπῆν
ὁ ἀπερίγραπτος Λόγος·
συγκατάβασις γὰρ θεϊκή,
οὐ μετάβασις δὲ τοπικὴ γέγονε
καὶ τόκος ἐκ παρθένου θεολήπτου
ἀκουούσης ταῦτα·

«Χαῖρε, Θεοῦ ἀχωρήτου χώρα·
χαῖρε, σεπτοῦ μυστηρίου θύρα·

χαῖρε, τῶν ἀπίστων ἀμφίβολον ἄκουσμα·
χαῖρε, τῶν πιστῶν ἀναμφίβολον καύχημα·

χαῖρε, ὄχημα πανάγιον τοῦ ἐπὶ τῶν Χερουβίμ·
χαῖρε, οἴκημα πανάριστον τοῦ ἐπὶ τῶν Σεραφίμ·

χαῖρε, ἡ τἀναντία εἰς ταὐτὸ ἀγαγοῦσα·
χαῖρε, ἡ παρθενίαν καὶ λοχείαν ζευγνῦσα·

„Alleluja!"

Chor
Alleluja!

15. Oikos

Priester
Ganz war er unten
und doch oben gar nicht abwesend,
der unbeschreibbare Logos;
denn göttliche Herablassung,
nicht eine örtliche Veränderung geschah,
sondern eine Geburt aus der gottergriffenen Jungfrau,
die die Worte vernahm:

„Sei gegrüßt, des unfaßbaren Gottes Ort;
sei gegrüßt, des erhabenen Mysteriums Pforte.

Sei gegrüßt, der Ungläubigen zweifelschaffende Kunde;
sei gegrüßt, der Gläubigen unzweifelhafter Stolz.

Sei gegrüßt, allheiliges Gefährt dessen, der über den
    Cherubim thront;
sei gegrüßt, edles Heim dessen, der über den
    Seraphim thront.

Sei gegrüßt, die Gegensätze hast du zur Einheit geführt;
sei gegrüßt, Jungfräulichkeit und Gebären hast du
    vereinigt.

χαῖρε, δι᾽ ἧς ἐλύθη παράβασις·
χαῖρε, δι᾽ ἧς ἠνοίχθη παράδεισος·

χαῖρε, ἡ κλεὶς τῆς Χριστοῦ βασιλείας·
χαῖρε, ἐλπὶς ἀγαθῶν αἰωνίων·

χαῖρε, νύμφη ἀνύμφευτε. »

Χορός
Χαῖρε, νύμφη ἀνύμφευτε.

Οἶκος Π´

Ἱερεύς
Πᾶσα φύσις ἀγγέλων
κατεπλάγη τὸ μέγα
τῆς σῆς ἐνανθρωπήσεως ἔργον·
τὸν ἀπρόσιτον γὰρ ὡς Θεὸν
ἐθεώρει πᾶσι προσιτὸν ἄνθρωπον,
ἡμῖν μὲν συνδιάγοντα,
ἀκούοντα δὲ παρὰ πάντων·

«Ἀλληλούϊα.»

Χορός
Ἀλληλούϊα.

Sei gegrüßt, durch dich wurde beendet die Übertretung;
sei gegrüßt, durch dich wurde geöffnet das Paradies.

Sei gegrüßt, Schlüssel zum Reich Christi;
sei gegrüßt, Hoffnung auf die ewigen Güter.

Sei gegrüßt, unvermählt Vermählte!"

Chor
Sei gegrüßt, unvermählt Vermählte!

16. Oikos

Priester
Alle Welt der Engel
erstaunte über das große Werk
deiner Menschwerdung;
denn den Unfaßbaren als Gott
schaute sie als für alle faßbaren Menschen,
der mit uns weilte
und von allen vernahm:

„Alleluja!"

Chor
Alleluja!

Οἶκος Ρ΄

Ἱερεύς
Ρήτορας πολυφθόγγους
ὡς ἰχθύας ἀφώνους
ὁρῶμεν ἐπὶ σοί, Θεοτόκε·
ἀποροῦσι γὰρ λέγειν τὸ πῶς
καὶ παρθένος μένεις καὶ τεκεῖν ἴσχυσας·
ἡμεῖς δὲ τὸ μυστήριον θαυμάζοντες
πιστῶς βοῶμεν·

«Χαῖρε, σοφίας Θεοῦ δοχεῖον·
χαῖρε, προνοίας αὐτοῦ ταμεῖον·

χαῖρε, φιλοσόφους ἀσόφους δεικνύουσα·
χαῖρε, τεχνολόγους ἀλόγους ἐλέγχουσα·

χαῖρε, ὅτι ἐμωράνθησαν οἱ δεινοὶ συζητηταί·
χαῖρε, ὅτι ἐμαράνθησαν οἱ τῶν μύθων ποιηταί·

χαῖρε, τῶν Ἀθηναίων τὰς πλοκὰς διασπῶσα·
χαῖρε, τῶν ἁλιέων τὰς σαγήνας πληροῦσα·

χαῖρε, βυθοῦ ἀγνοίας ἐξέλκουσα·
χαῖρε, πολλοὺς ἐν γνώσει φωτίζουσα·

χαῖρε, ὁλκὰς τῶν θελόντων σωθῆναι·
χαῖρε, λιμὴν τῶν τοῦ βίου πλωτήρων.

χαῖρε, νύμφη ἀνύμφευτε.»

17. O i k o s

Priester
Wortgewandte Rhetoren
wie stumme Fische
sehen wir vor dir, Gottesgebärerin;
denn sie vermögen nicht zu erklären,
wie du Jungfrau bleibst und doch zu gebären
    vermochtest;
wir aber bewundern das Mysterium
und rufen gläubig:

Sei gegrüßt, der Weisheit Gottes Gefäß;
sei gegrüßt, seiner Vorsehung Schatzkammer.

Sei gegrüßt, Gelehrte erweist du als ungelehrt;
sei gegrüßt, Wissenschaftler überführst du als Unwissende.

Sei gegrüßt, da töricht wurden die gewaltigen Denker;
sei gegrüßt, da verblaßten die Sagendichter.

Sei gegrüßt, der Athener Lügennetze zerreißt du;
sei gegrüßt, der Fischer Netze füllst du.

Sei gegrüßt, aus dem Abgrund der Unwissenheit führst du
    heraus;
sei gegrüßt, viele erleuchtest du mit Erkenntnis.

Sei gegrüßt, Schiff derer, die gerettet werden wollen;
sei gegrüßt, Hafen derer, die das Meer des Lebens
    durchfahren.

Sei gegrüßt, unvermählt Vermählte!"

Χορός
Χαῖρε, νύμφη ἀνύμφευτε.

Οἶκος Σ΄

Ἱερεύς
Σῶσαι θέλων τὸν κόσμον
ὁ τῶν ὅλων κοσμήτωρ
πρὸς τοῦτον αὐτεπάγγελτος ἦλθε·
καὶ ποιμὴν ὑπάρχων, ὡς Θεὸς
δι' ἡμᾶς ἐφάνη καθ' ἡμᾶς ὅμοιος·
ὁμοίῳ γὰρ τὸ ὅμοιον καλέσας
ὡς Θεὸς ἀκούει·

«Ἀλληλούϊα.»

Χορός
Ἀλληλούϊα.

Τῇ ὑπερμάχῳ στρατηγῷ ... (Σ. 66)

Ἀναγνώστης
Ἅγιος ὁ Θεός, ...

(ἕως «Πάτερ ἡμῶν ...», Σ. 2-4)

Ἱερεύς
«Ὅτι σοῦ ἐστιν ἡ βασιλεία ...» (Σ. 4)

Κοντάκιον

Ἀναγνώστης
Ὡς ἀπαρχὰς τῆς φύσεως ...
(καὶ ἑξῆς ὅπως Σ. 84-100).

Chor
Sei gegrüßt, unvermählt Vermählte!

18. Oikos

Priester
Da die Welt retten wollte
der Ordner aller,
ist er, sich selbst erbietend, zu ihr gekommen;
und da er Hirt ist als Gott,
erschien er um unseretwillen uns gleich;
da er durch Gleiches das Gleiche berief,
vernimmt er als Gott:
„Alleluja!"

Chor
Alleluja!

Der unbesiegbaren Heerführerin ... (S. 67)

Lektor
Heiliger Gott...

(bis Vater unser... S. 3-5)

Priester
Denn dein ist das Reich... (S. 5)

Kontakion

Lektor
Als Erstlingsfrucht der Natur ...
Weiter wie S. 85-101)

Δ΄

ΤΗι ΠΑΡΑΣΚΕΥΗι

ΤΗΣ Δ΄ ΕΒΔΟΜΑΔΟΣ ΤΩΝ ΝΗΣΤΕΙΩΝ
ΤΟ ΜΙΚΡΟΝ ΑΠΟΔΕΙΠΝΟΝ (Σ. 2-24)
Ο ΚΑΝΩΝ (Σ. 28-66)

Στάσις Δ΄
Οἶκος Τ΄

Ἱερεύς
Τεῖχος εἶ τῶν παρθένων,
Θεοτόκε παρθένε, καὶ πάντων
τῶν εἰς σὲ προσφευγόντων·
ὁ γὰρ τοῦ οὐρανοῦ καὶ τῆς γῆς
κατεσκεύασέ σε ποιητής, ἄχραντε,
οἰκήσας ἐν τῇ μήτρᾳ σου
καὶ δείξας προσφωνεῖν σοι πάντας·

«Χαῖρε, ἡ στήλη τῆς παρθενίας·
χαῖρε, ἡ πύλη τῆς σωτηρίας·

χαῖρε, ἀρχηγὲ νοητῆς ἀναπλάσεως·
χαῖρε, χορηγὲ θεϊκῆς ἀγαθότητος·

χαῖρε, σὺ γὰρ ἀνεγέννησας τοὺς συλληφθέντες
αἰσχρῶς·

D.

AM FREITAG

DER VIERTEN FASTENWOCHE
DAS KLEINE APODEIPNON (S. 3-25)

DER KANON (S. 29-67)

4. Stanze

19. Oikos

Priester
Eine Festung der Jungfrauen bist du,
jungfräuliche Gottesgebärerin, und aller,
die sich zu dir flüchten;
denn der Schöpfer des Himmels und der Erde
hat dich, Makellose, geschaffen,
da er in deinen Schoß einging
und alle lehrte, dir zuzurufen:

„Sei gegrüßt, Denkmal der Jungfräulichkeit;
sei gegrüßt, Tor des Heils.

Sei gegrüßt, Anführerin geistiger Neuschöpfung;
sei gegrüßt, Urheberin göttlicher Güte.

Sei gegrüßt, denn du gebarst die schändlich
    Empfangenen wieder;

χαῖρε, σὺ γὰρ ἐνουθέτησας τοὺς συληθέντας τὸν νοῦν·

χαῖρε, ἡ τὸν φθορέα τῶν φρενῶν καταργοῦσα·
χαῖρε, ἡ τὸν σπορέα τῆς ἁγνείας τεκοῦσα·

χαῖρε, παστὰς ἀσπόρου νυμφεύσεως·
χαῖρε, πιστοὺς κυρίῳ ἁρμόζουσα·

χαῖρε, καλὴ κουροτρόφε παρθένων·
χαῖρε, ψυχῶν νυμφοστόλε ἁγίων·

χαῖρε, νύμφη ἀνύμφευτε. »

Χορός
Χαῖρε, νύμφη ἀνύμφευτε.

Οἶκος Γ΄

Ἱερεύς
Ὕμνος ἅπας ἡττᾶται
συνεκτείνεσθαι σπεύδων
τῷ πλήθει τῶν πολλῶν οἰκτιρμῶν σου·
ἰσαρίθμους ψαλμοὺς καὶ ᾠδὰς
ἂν προσφέρωμέν σοι, βασιλεῦ ἅγιε,
οὐδὲν τελοῦμεν ἄξιον,
ὧν δέδωκας τοῖς σοὶ βοῶσιν·

«Ἀλληλούϊα. »

Chor
Sei gegrüßt, unvermählt Vermählte!

18. Oikos

Priester
Da die Welt retten wollte
der Ordner aller,
ist er, sich selbst erbietend, zu ihr gekommen;
und da er Hirt ist als Gott,
erschien er um unseretwillen uns gleich;
da er durch Gleiches das Gleiche berief,
vernimmt er als Gott:
„Alleluja!"

Chor
Alleluja!

Der unbesiegbaren Heerführerin ... (S. 67)

Lektor
Heiliger Gott...

(bis Vater unser... S. 3-5)

Priester
Denn dein ist das Reich... (S. 5)

Kontakion

Lektor
Als Erstlingsfrucht der Natur ...
(Weiter wie S. 85-101)

Δ΄

Τῌ ΠΑΡΑΣΚΕΥῌ

ΤΗΣ Δ΄ ΕΒΔΟΜΑΔΟΣ ΤΩΝ ΝΗΣΤΕΙΩΝ

ΤΟ ΜΙΚΡΟΝ ΑΠΟΔΕΙΠΝΟΝ (Σ. 2-24)

Ο ΚΑΝΩΝ (Σ. 28-66)

Στάσις Δ΄

Οἶκος Τ΄

Ἱερεύς
Τεῖχος εἶ τῶν παρθένων,
Θεοτόκε παρθένε, καὶ πάντων
τῶν εἰς σὲ προσφευγόντων·
ὁ γὰρ τοῦ οὐρανοῦ καὶ τῆς γῆς
κατεσκεύασέ σε ποιητής, ἄχραντε,
οἰκήσας ἐν τῇ μήτρᾳ σου
καὶ δείξας προσφωνεῖν σοι πάντας·

«Χαῖρε, ἡ στήλη τῆς παρθενίας·
χαῖρε, ἡ πύλη τῆς σωτηρίας·

χαῖρε, ἀρχηγὲ νοητῆς ἀναπλάσεως·
χαῖρε, χορηγὲ θεϊκῆς ἀγαθότητος·

χαῖρε, σὺ γὰρ ἀνεγέννησας τοὺς συλληφθέντες
αἰσχρῶς·

D.

AM FREITAG

DER VIERTEN FASTENWOCHE
DAS KLEINE APODEIPNON (S. 3-25)

DER KANON (S. 29-67)

4. Stanze

19. Oikos

Priester
Eine Festung der Jungfrauen bist du,
jungfräuliche Gottesgebärerin, und aller,
die sich zu dir flüchten;
denn der Schöpfer des Himmels und der Erde
hat dich, Makellose, geschaffen,
da er in deinen Schoß einging
und alle lehrte, dir zuzurufen:

„Sei gegrüßt, Denkmal der Jungfräulichkeit;
sei gegrüßt, Tor des Heils.

Sei gegrüßt, Anführerin geistiger Neuschöpfung;
sei gegrüßt, Urheberin göttlicher Güte.

Sei gegrüßt, denn du gebarst die schändlich
    Empfangenen wieder;

χαῖρε, σὺ γὰρ ἐνουθέτησας τοὺς συληθέντας τὸν νοῦν·

χαῖρε, ἡ τὸν φθορέα τῶν φρενῶν καταργοῦσα·
χαῖρε, ἡ τὸν σπορέα τῆς ἁγνείας τεκοῦσα·

χαῖρε, παστὰς ἀσπόρου νυμφεύσεως·
χαῖρε, πιστοὺς κυρίῳ ἁρμόζουσα·

χαῖρε, καλὴ κουροτρόφε παρθένων·
χαῖρε, ψυχῶν νυμφοστόλε ἁγίων·

χαῖρε, νύμφη ἀνύμφευτε. »

Χορός
Χαῖρε, νύμφη ἀνύμφευτε.

Οἶκος Υ΄

Ἱερεύς
Ὕμνος ἅπας ἡττᾶται
συνεκτείνεσθαι σπεύδων
τῷ πλήθει τῶν πολλῶν οἰκτιρμῶν σου·
ἰσαρίθμους ψαλμοὺς καὶ ᾠδὰς
ἂν προσφέρωμέν σοι, βασιλεῦ ἅγιε,
οὐδὲν τελοῦμεν ἄξιον,
ὧν δέδωκας τοῖς σοὶ βοῶσιν·

«Ἀλληλούϊα. »

sei gegrüßt, denn du brachtest die der Vernunft
    Beraubten zur Vernunft.

Sei gegrüßt, den Verderber der Sinne hast du vernichtet;
sei gegrüßt, den Erzeuger der Reinheit hast du geboren.

Sei gegrüßt, Brautgemach ungezeugter Vermählung;
sei gegrüßt, die Gläubigen paßt du dem Herrn an.

Sei gegrüßt, edle Erzieherin der Jungfrauen;
sei gegrüßt, Brautführerin heiliger Seelen.

Sei gegrüßt, unvermählt Vermählte!"

Chor
Sei gegrüßt, unvermählt Vermählte!

20. O i k o s

Priester
Jeder Gesang versagt,
so sehr er sich anstrengt,
der Fülle deiner vielen Erbarmungen zu entsprechen;
denn selbst, wenn wir ebenso viele Psalmen und Oden
dir darbringen, heiliger König,
nichts vollbringen wir würdig dessen,
was du denen schenktest, die dir zuriefen:

„Alleluja!"

Χορός
Ἀλληλούϊα

Οἶκος Φ΄

Ἱερεύς
Φωτοδόχον λαμπάδα
τοῖς ἐν σκότει φανεῖσαν
ὁρῶμεν τὴν ἁγίαν παρθένον·
τὸ γὰρ ἄϋλον ἅπτουσα φῶς
ὁδηγεῖ πρὸς γνῶσιν θεϊκὴν ἅπαντας,
αὐγῇ τὸν νοῦν φωτίζουσα,
κραυγῇ δὲ τιμωμένη ταῦτα·

«Χαῖρε, ἀκτὶς νοητοῦ ἡλίου·
χαῖρε, λαμπτὴρ τοῦ ἀδύτου φέγγους·

χαῖρε, ἀστραπὴ τὰς ψυχὰς καταλάμπουσα·
χαῖρε, ὡς βροντὴ τοὺς ἐχθροὺς καταπλήττουσα·

χαῖρε, ὅτι τὸν πολύφωτον ἀνατέλλεις φωτισμόν·
χαῖρε, ὅτι τὸν πολύρρητον ἀναβλύζεις ποταμόν·

χαῖρε, τῆς κολυμβήθρας ζωγραφοῦσα τὸν τύπον·
χαῖρε, τῆς ἁμαρτίας ἀναιροῦσα τὸν ῥύπον·

χαῖρε, λουτὴρ ἐκπλύνων συνείδησιν·
χαῖρε, κρατὴρ κιρνῶν ἀγαλλίασιν·

Chor
Alleluja!

21. Oikos

Priester
Als lichtspendende Fackel,
die denen in der Finsternis erschien,
sehen wir die heilige Jungfrau;
denn indem sie das unstoffliche Licht anzündet,
führt sie alle zu göttlicher Erkenntnis,
mit Glanz erleuchtet sie den Verstand
und wird mit dem Zuruf geehrt:

„Sei gegrüßt, Strahl geistiger Sonne;
sei gegrüßt, Leuchter nicht erlöschenden Lichtes.

Sei gegrüßt, Blitz, die Seelen durchstrahlst du;
sei gegrüßt, wie ein Donner erschreckst du die Feinde.

Sei gegrüßt, denn du läßt die vielstrahlende
    Erleuchtung aufgehen;
sei gegrüßt, denn du läßt den reichfließenden Strom
    hervorquellen.

Sei gegrüßt, des Taufbeckens Bild stellst du dar;
sei gegrüßt, den Schmutz der Sünde nimmst du hinweg.

Sei gegrüßt, Wanne, die das Gewissen reinwäscht;
sei gegrüßt, Mischkrug, der Frohsinn ausschenkt.

χαῖρε, ὀσμὴ τῆς Χριστοῦ εὐωδίας·
χαῖρε, ζωὴ μυστικῆς εὐωχίας·

χαῖρε, νύμφη ἀνύμφευτε. »

Χορός
Χαῖρε, νύμφη ἀνύμφευτε.

Οἶκος Χ΄

Ἱερεύς
Χάριν δοῦναι θελήσας
ὀφλημάτων ἀρχαίων
ὁ πάντων χρεωλύτης ἀνθρώπων,
ἐπεδήμησε δι᾽ ἑαυτοῦ
πρὸς τοὺς ἀποδήμους τῆς αὐτοῦ χάριτος·
καὶ σχίσας τὸ χειρόγραφον
ἀκούει παρὰ πάντων οὕτως·

«Ἀλληλούϊα.»

Χορός
Ἀλληλούϊα.

Sei gegrüßt, Duft des Wohlgeruchs Christi;
sei gegrüßt, Leben mystischen Freudenmahls.

Sei gegrüßt, unvermählt Vermählte!"

Chor
Sei gegrüßt, unvermählt Vermählte!

22. O i k o s

Priester
Da Gnade gewähren wollte
für die alten Schulden
der Schuldentilger aller Menschen,
kam er in eigener Person
zu denen, die sich von seiner Gnade entfernt hatten;
und als er den Schuldschein zerriß,
hörte er von allen:

„Alleluja!"

Chor
Alleluja!

Οἶκος Ψ́

Ἱερεύς
Ψάλλοντές σου τὸν τόκον
εὐφημοῦμέν σε πάντες
ὡς ἔμψυχον ναόν, Θεοτόκε·
ἐν τῇ σῇ γὰρ οἰκήσας γαστρὶ
ὁ κατέχων πάντα τῇ χειρὶ Κύριος
ἡγίασεν, ἐδόξασεν, ἐδίδαξε,
βοᾶν σοι πάντας·

«Χαῖρε, σκηνὴ τοῦ Θεοῦ καὶ Λόγου·
χαῖρε, ἁγία ἁγίων μείζων·

χαῖρε, κιβωτὲ χρυσωθεῖσα τῷ πνεύματι·
χαῖρε, θησαυρὲ τῆς ζωῆς ἀδαπάνητε·

χαῖρε, τίμιον διάδημα βασιλέων εὐσεβῶν·
χαῖρε, καύχημα σεβάσμιον ἱερέων εὐλαβῶν·

χαῖρε, τῆς ἐκκλησίας ὁ ἀσάλευτος πύργος·
χαῖρε, τῆς βασιλείας τὸ ἀπόρθητον τεῖχος·

χαῖρε, δι᾽ ἧς ἐγείρονται τρόπαια·
χαῖρε, δι᾽ ἧς ἐχθροὶ καταπίπτουσι·

χαῖρε, φωτὸς τοῦ ἐμοῦ θεραπεία·
χαῖρε, ψυχῆς τῆς ἐμῆς προστασία·

χαῖρε, νύμφη ἀνύμφευτε.»

Χορός
Χαῖρε νύμφη ἀνύμφευτε.

23. Oikos

Priester
Wenn wir dein Gebären besingen,
preisen wir alle dich
als beseelten Tempel, Gottesgebärerin;
denn der Herr, der in deinem Schoß wohnte,
obwohl er alles mit seiner Hand hält,
heiligte dich, verherrlichte, lehrte alle,
dir zuzurufen:

„Sei gegrüßt, Zelt Gottes und des Logos;
sei gegrüßt, Heilige, erhabener als die Heiligen.

Sei gegrüßt, Bundeslade, vergoldet durch den Geist;
sei gegrüßt, unerschöpflicher Schatz des Lebens.

Sei gegrüßt, kostbares Diadem frommer Könige;
sei gegrüßt, ehrwürdiger Ruhm ehrfürchtiger Priester.

Sei gegrüßt, der Kirche unerschütterlicher Turm;
sei gegrüßt, des Reiches unbezwingbare Festung.

Sei gegrüßt, durch dich werden Siegeszeichen errichtet;
sei gegrüßt, durch dich stürzen Feinde zu Boden.

Sei gegrüßt, meines Lichtes Hüterin;
sei gegrüßt, meiner Seele Schützerin.

Sei gegrüßt, unvermählt Vermählte!"

Chor
Sei gegrüßt, unvermählt Vermählte!

Οἶκος Ω΄

Ἱερεύς
Ὦ πανύμνητε μήτηρ,
ἡ τεκοῦσα τὸν πάντων ἁγίων
ἁγιώτατον Λόγον, *(τρίς)*

δεξαμένη τὴν νῦν προσφοράν,
ἀπὸ πάσης ῥῦσαι συμφορᾶς ἅπαντας
καὶ τῆς μελλούσης λύτρωσαι κολάσεως
τοὺς σοὶ βοῶντας·

«Ἀλληλούϊα.»

Χορός
Ἀλληλούϊα.

Τῇ ὑπερμάχῳ στρατηγῷ ... (Σ. 66)

Ἀναγνώστης
Ἅγιος ὁ Θεός, ...

(ἕως «Πάτερ ἡμῶν ...» , Σ. 2-4)

Ἱερεύς
«Ὅτι σοῦ ἐστιν ἡ βασιλεία ...» (Σ. 4)

Κοντάκιον

Ἀναγνώστης
Ὡς ἀπαρχὰς τῆς φύσεως ...
(καὶ ἑξῆς ὅπως Σ. 84-100).

24. Oikos

Priester
O allgepriesene Mutter,
die du geboren hast den über allen Heiligen
heiligsten Logos; *(dreimal)*

nimm nun diese Darbringung an,
bewahre vor jeglichem Unglück alle,
und erlöse von der künftigen Strafe jene,
die dir zurufen:

„Alleluja!"

Chor
Alleluja!

Der unbesiegbaren Heerführerin ... (S. 67)

Lektor
Heiliger Gott...

(bis „Vater unser...", S. 3-5)

Priester
Denn dein ist das Reich... (S. 5)

Kontakion

Lektor
Als Erstlingsfrucht der Natur ...
(Weiter wie S. 85-101)

Ε΄

ΤΗι ΠΑΡΑΣΚΕΥΗι

ΤΗΣ Ε΄ ΕΒΔΟΜΑΔΟΣ ΤΩΝ ΝΗΣΤΕΙΩΝ

ΤΟ ΜΙΚΡΟΝ ΑΠΟΔΕΙΠΝΟΝ (Σ. 2-24)

Προοίμιον

τοῦ Ἀκαθίστου Ὕμνου

Ἦχος πλ. δ΄

Χορός
Τὸ προσταχθὲν μυστικῶς λαβὼν ἐν γνώσει,
ἐν τῇ σκηνῇ τοῦ Ἰωσὴφ σπουδῇ ἐπέστη
ὁ ἀσώματος λέγων τῇ ἀπειρογάμῳ·
«Ὁ κλίνας τῇ καταβάσει τοὺς οὐρανοὺς
χωρεῖται ἀναλλοιώτως ὅλος ἐν σοί,
ὃν καὶ βλέπων ἐν μήτρᾳ σου
λαβόντα δούλου μορφήν,
ἐξίσταμαι κραυγάζων σοι·
'χαῖρε, νύμφη ἀνύμφευτε.'» *(τρίς)*

Α΄ Στάσις τῶν Οἴκων   (Σ. 70-80)

Κανών· Ὠδαί Α-Γ   (Σ. 28-34)

E.

AM FREITAG
DER FÜNFTEN FASTENWOCHE

DAS KLEINE APODEIPNON (S. 3-25)

Prooimion

des Akathistos-Hymnos

8. Ton

Chor
Den geheimnisvoll erteilten Auftrag erkennend
trat eilig der Körperlose in Josephs Zelt
und sprach zu der Eheunerfahrenen:
„Der niedersteigend den Himmel neigt
wird unverändert ganz in dir erfaßt;
ihn in deinem Schoß schauend,
da Knechtgestalt er angenommen,
erschauere ich und rufe dir zu:
'Sei gegrüßt, unvermählt Vermählte!'" *(dreimal)*

1. Stanze der Oikoi (S. 71-81)

Kanon: Oden 1-3 (S. 29-35)

Κοντάκιον

«Τῇ ὑπερμάχῳ στρατηγῷ .. » (Σ. 66)
Β΄ Στάσις τῶν Οἴκων (Σ. 102-112)
Κανών· Ὠδαί Δ΄-ΣΤ΄ (Σ. 36-48)

Κοντάκιον

«Τῇ ὑπερμάχῳ στρατηγῷ .. » (Σ. 66)
Γ΄ Στάσις τῶν Οἴκων (Σ. 114-124)
Κανών· Ὠδαί Ζ΄- Θ΄ (Σ. 48-64)

Κοντάκιον

«Τῇ ὑπερμάχῳ στρατηγῷ .. » (Σ. 66)
Δ΄ Στάσις τῶν Οἴκων (Σ. 126-136)
Οἶκος Α΄ (Σ. 70-72)

«Ἅγιος ὁ Θεός, ... »
(καὶ ἑξῆς ὅπως Σ. 2-4)

Ἀναγνώστης

«Τῇ ὑπερμάχῳ στρατηγῷ .. » (Σ. 66)
 «Κύριε ἐλέησον» *(δωδεκάκις)* (καὶ ἑξῆς ὅπως Σ. 84-100)

Kontakion

„Der unbesiegbaren Heerführerin..." (S. 67)

2. Stanze der Oikoi (S. 103-113)

Kanon: Oden 4 - 6 (S. 37-49)

Kontakion

„Der unbesiegbaren Heerführerin ..." (S. 67)

3. Stanze der Oikoi (S. 115-125)

Kanon: Oden 7 - 9 (S. 49-65)

Kontakion

„Der unbesiegbaren Heerführerin ..." (S. 67)

4. Stanze der Oikoi (S. 127-137)

1. Oikos (S. 71-73)

„Heiliger Gott ..."

(Weiter wie S. 3-5)

Lektor

„Der unbesiegbaren Heerführerin ..." (S. 67)

„Kyrie eleison" *(zwölfmal)* (Weiter wie S. 85-101)